GRILLREZEPTE

Damit Die Nächste Grill-party Ein Hit Wird

(Grillrezepte Für Gas Und Kohle Grill, Ein Rezeptbuch Für Jedermann)

Frank Fiedler

Herausgegeben von Alex Howard

© **Frank Fiedler**

All Rights Reserved

Grillrezepte: Damit Die Nächste Grill-party Ein Hit Wird (Grillrezepte Für Gas Und Kohle Grill, Ein Rezeptbuch Für Jedermann)

ISBN 978-1-77485-044-2

☐Copyright 2021 - Alle Rechte vorbehalten.

Dieses Dokument zielt darauf ab, genaue und zuverlässige Informationen zu dem behandelten Thema und Themen bereitzustellen. Die Publikation wird mit dem Gedanken verkauft, dass der Verlag keine buchhalterischen, behördlich zugelassenen oder anderweitig qualifizierten Dienstleistungen erbringen muss. Wenn rechtliche oder berufliche Beratung erforderlich ist, sollte eine in diesem Beruf praktizierte Person bestellt werden.
- Aus einer Grundsatzerklärung, die von einem Ausschuss der American Bar Association und einem Ausschuss der Verlage und Verbände gleichermaßen angenommen und gebilligt wurde.
Es ist in keiner Weise legal, Teile dieses Dokuments in elektronischer Form oder in gedruckter Form zu reproduzieren, zu vervielfältigen oder zu übertragen. Das Aufzeichnen dieser Veröffentlichung ist strengstens untersagt und jegliche Speicherung dieses Dokuments ist nur mit schriftlicher Genehmigung des Herausgebers gestattet. Alle Rechte vorbehalten.
Die hierin bereitgestellten Informationen sind wahrheitsgemäß und konsistent, da jede Haftung in Bezug auf Unachtsamkeit oder auf andere Weise durch die Verwendung oder den Missbrauch von Richtlinien, Prozessen oder Anweisungen, die darin enthalten sind, in der alleinigen und vollständigen Verantwortung des Lesers des Empfängers liegt. In keinem Fall wird dem Verlag eine rechtliche Verantwortung oder Schuld für

etwaige Reparaturen, Schäden oder Verluste auf Grund der hierin enthaltenen Informationen direkt oder indirekt angelastet.

Der Autor besitzt alle Urheberrechte, die nicht beim Verlag liegen.

Die hierin enthaltenen Informationen werden ausschließlich zu Informationszwecken angeboten und sind daher universell. Die Darstellung der Informationen erfolgt ohne Vertrag oder Gewährleistung jeglicher Art.

Die verwendeten Markenzeichen sind ohne Zustimmung und die Veröffentlichung der Marke ist ohne Erlaubnis oder Unterstützung durch den Markeninhaber. Alle Warenzeichen und Marken in diesem Buch dienen nur zu Erläuterungszwecken und gehören den Eigentümern selbst und sind nicht mit diesem Dokument verbunden.

Inhaltsverzeichnis

Warum Grillen? 1
Der richtige Grill 6
    Säulengrill 6
    Rundgrill 6
    Grillwagen 7
    Kugelgrill 8
    Holzkohle oder Briketts 8
    Briketts 9
    Holzkohle anzünden 9
    Alternative zu Holzkohle 10
    Fakten zu Holzkohle 10
Mayonnaise 12
Caipirinha 13
Guacamole Burger 14
Backofenkartoffel BBQ-Style 16
Bratwurstspieße mit Pflaumen 18
Gegrilltes Gemüse 19
Zitronen-Oliven-Sauce 21
Rotweinmarinade 22
Weiweinmarinade 23
Champignon-Cheeseburger 24

Wildkräutersoße	26
Champignons zum Grillen	27
Tsatsiki	28
Hackfleischbällchen mit Mandeln und Garnelen	29
Spanische Spieße	30
Selbst gemachter grober Senf	32
Schweinesteaks mit Salsa-Dip	33
Zucchini-Feta-Spieße	35
Ananas-Chutney	37
Gefüllte Riesenchampignons zum Grillen	38
Champignons vom Grill	40
Folienkartoffel mit Frühlingszwiebeln-Curry-Quark	42
Lammrippchen	43
Pikante-Salsa-Sauce	44
Puten-Cordon bleu	46
Peruanische Steakspieße mit gegrilltem Mais	48
Pfirsich-Chutney	50
BBQ-Burger mit Sojamedaillons	51
Spieß mit bunten Gemüse	54
Thunfisch Burger	56
Ananas-Wurstspieße	58
Marinierte Lammkeule	60
Lamm-Köfte	62

Kürbisaufstrich	64
Bruschetta vom Grill	65
Makrelen mit Orangen und Frühlingszwiebel	66
Lammkotelett mit Kräutern	67
Adana-Kebap mit Pide	69
Quinoa-Bohnen-Salat	71
Avocado-Orangen-Salat	73
Vegetarische Cevapcici für den Grill	74
Bierdosenhähnchen	76
Barbecue Spareribs	77
Kräuterhähnchen mit Käse-Tomaten	79
Schweinekoteletts mit gegrillten Ananasvierteln	81
Schaschlik - Grill – Sauce	83
Gefüllte Hähnchenbrust	85
Sesamsteaks	86
Gerillte Makrelen in Weinblättern	88
Schweinefilets mit feiner Gewürzmischung	90
Orientalischer Fruchtsalat	92
Spieße vom Grill	93
„cheesy" Partybrot	95
Gefüllte Hähnchenbrust	96
Gegrillter Lachs mit Garnelencreme	98
Hähnchen Burger	100

Tofu-Auberginenrollen 102

Hähnchensalat 103

Räuchertofuspieße 106

Hackspieße vom Grill 107

Hot Mango Chutney 109

Gegrillter Lachs 110

Champignonspieße 111

tre 112

Paprika-Maiskolben-Spieße 114

Ganzer Fisch vom Grill 115

Für 40 Minuten auf dem Grill anbraten. Köfte-Spieße (Türkei) 116

Vegetarische Grillplatte 117

Gegrillte Pfirsiche (Vegan) 119

Gemischter Calamari Salat 120

Fenchel mit Roquefortfüllung 122

Grill-Marinade – Andere Variante 123

96. Marinade für (Grill-)Fisch 124

Paprika- Tomaten-Salsa (Kuba) 125

Gegrillte Austernpilze mit Kräuterbutter 126

Zucchini-Sandwich mit Gruyère 128

Süßkartoffeln 130

Gegrillte Sardinen (Italien) 131

Maissalat 133

Gegrillter Zucchinisalat	134
Vegane Burger mit Avocado-Mango-Topping	136
Gegrillte Marshmallows	139
Donut-Eis-Sandwich	140
Polenta vom Grill mit Tomate am Spieß	142
Knackiger Orangen Gurken Salat mit Garnelen	144
Schweinefilets mit Chilikruste	146
Gefülltes Ciabatta	147
Backofenkartoffel BBQ-Style	148
Backofenkartoffel BBQ-Style	149
Spinatsalat mit Datteln	150
Jakobsmuscheln und Artischocken	152
Eingepackte gegrillte Garnelen mit Orange Thymian	154
Schaschlik	156
Thunfisch-Dipp	157
Tsatsiki	158
Mediterrane scharfe Sauce	159
Wodka-Meerrettichsteaks	160
Hähnchen und Zucchini mit Mandel-Dip	161
Hähnchen-Zucchini -Spieße mit Mandel Salsa	163
Beefsteaks mit Schafskäse	165
Asia-Nudelsalat	167
Champignons vom Grill	168

Saftiger Lammrücken 170

Gefüllte Pute 172

Tomatenwurzelbrote 173

Knoblauchmus mit Thymian 175

Kidneybohnensalat 176

Zucchini und Blumenkohlspieße mit Feta 178

Arabische Gewürzmischung 179

Schweinesteak mit rotem Pfeffer 180

Kräuterbutter 181

Japanischer gegrillter Lachs mit Teriyaki – Soße 183

Warum Grillen?

Grillen ist eigentlich so eine richtig tolle und befriedigende Männerangelegenheit, denn was gibt es Schöneres, als die auf dem Rost brutzelnden Fleischstücke bei einem leckeren Bier anzusehen, wobei einem schon das Wasser im Mund zusammenläuft?
Es spielt dabei auch überhaupt keine Rolle, dass man sich dabei am Feuer fast zu Tode schwitzt und ständig den Rauch einatmet, denn Grillen liegt den Menschen anscheinend schon in den Genen. Nicht umsonst handelt es sich dabei um die ursprüngliche Methode unserer Vorfahren, zur Zubereitung der Lebensmittel. Heutzutage ist Grillen allerdings eher mit einer entspannenden Freizeitbeschäftigung gleichzusetzen, da zum Glück weder Etikette noch irgendwelche Tischmanieren notwendig sind.
Auch bietet sich die Hitze beim Grillen an, ohne aufwendige Entschuldigungen das Hemd auszuziehen und sich endlich wieder frei und natürlich zu geben.
Für Grillfanatiker sind die Vorbereitungen ähnlich wie bei einer heiligen Zeremonie. Jeder schwört auf seine eigene Grillmethode und Grillrezepte, aber nicht in jedem Fall, können sich die Resultate sehen lassen, vom Geschmack einmal komplett abgesehen.
Grillen setzt Kenntnisse und Erfahrung voraus, es spielt

dabei keine Rolle, ob es sich dabei um einen Gasgrill, Elektrogrill oder um einen Holzkohlengrill handelt. Gas- und Elektrogrills allerdings haben natürlich keine offene Flamme, weshalb bei der Zubereitung auch kein Rauch entsteht. Auch lässt sich bei diesen Grillgeräten die Temperatur regulieren. Grillen hat den Vorteil, dass bei dieser Zubereitungsart nur wenig Fett verwendet wird und auch die Möglichkeit zum Abtropfen vorhanden ist, was im Vergleich zu einer Bratpfanne nicht möglich ist. Viele Männer möchten allerdings nicht auf das typische Grillerlebnis mit dem Holzkohlegrill verzichten, wobei Rauch und Hitze ein wichtiger Bestandteil sind. Aber mit den nachstehenden Tipps und Tricks zum Grillen, wird die Zubereitung mit dem Holzkohlengrill zum richtigen Genuss!

Tipps und Tricks rund ums Grillen

Der Klassiker beim Grillen ist natürlich der Holzkohlegrill, den es übrigens auch mit Deckel und in allen möglichen Größen gibt. Die kleinen Grills sind ideal zum Mitnehmen, ansonsten eignen sie sich natürlich auch für die Terrasse oder für den Garten. Nachteilig ist in diesem Fall der Rauch, vor allem dann, wenn sich die Nachbarn darüber beschweren. Um aber den Frieden mit den lieben Nachbarn auch wirklich zu gewährleisten, kannst du sie entweder mit zum Grillen einladen oder einfach nur aufpassen, dass sie von dir nicht direkt eingeräuchert werden. Der Gasgrill ist natürlich praktischer, da man damit gleich so richtig beim Grillen loslegen kann und natürlich bei der Zubereitung auch kein Rauch entsteht. Der Elektrogrill ist ideal für den Balkon und natürlich auch um damit rauchlos und schnell zu grillen. Auch sind diese Geräte problemlos zu reinigen. Vor dem Grillen ist es ratsam, den Holzkohlegrill erst einmal gründlich zu reinigen. Vorhandene Asche muss entfernt werden und der Rost lässt sich mit einer halbierten Zitrone von Schmutz und eingetrocknetem Fett befreien, sowie auch durch eine Drahtbürste. Anschließend kann er mit hitzebeständigem Öl eingefettet werden, z.B. mit Sonnenblumenöl. Dazu brauchst du nur etwas Öl auf ein Tuch zu geben.

Für eine richtig tolle Grillparty solltest du Holzkohle und Briketts vermengen. Letztere sorgen für ein gleichmäßiges und ausdauerndes Feuer, während die Holzkohle im Vergleich schneller verbrennt. Zum Anzünden vom Grillfeuer solltest du auf Spiritus unbedingt verzichten, da brennbare Flüssigkeiten zu bösen Verbrennungen führen können und auch noch Gase dabei entstehen.
Ideal sind die geschmacksneutralen Grillanzünder auf pflanzlicher Basis, sowie natürlich auch die Anzündkamine und elektrischen Grillanzünder. Auf Sprays sollte man möglichst verzichten, da bei aufkommendem Wind die Flammen dann nicht mehr kontrolliert werden können.

Der Grill sollte auf jeden Fall windgeschützt platziert werden!
Falls am Grill keine Auffangschale vorhanden ist, kann man auch eine Aluschale unterlegen, damit beim Grillen kein Fett oder Flüssigkeiten auf die Glut tropfen kann. Dadurch kann gesundheitsschädlicher Rauch vermieden werden.
Das Feuer im Grill sollte ca. eine Stunde vorher schon angemacht werden, damit die richtige Glut für die Grillware schon vorhanden ist. Die beste Hitze erzeugt übrigens Holzkohle aus Buchenholz, die für einen ganz besonders tollen Grillgeschmack sorgt.
Für einen noch besseren Grillgeschmack kannst du auch etwas Rosmarin oder Wacholderbeeren in die

Asche streuen, wenn die Grillware schon mehrere Minuten auf dem Rost liegt. Das Feuer darf allerdings nicht lodern, die Holzkohlen sollten eine gleichmäßige grauweiße Farbe aufweisen, bevor das Fleisch oder andere Lebensmittel auf den Grill gelegt werden.

Ansonsten ist auch noch erwähnenswert, dass das Essen auf dem Grill möglichst nicht mit einer Gabel gewendet werden sollte, sondern mit einem passenden Bratwender der Flach ist. Spitze Gegenstände sorgen bei dieser Zubereitungsart nur für den Verlust von Flüssigkeit!

Das Fleisch ist fertig gegrillt, wenn es ausgesetztem Druck nicht mehr nachgibt. Ist dies nicht der Fall, dann ist es innen noch schön saftig. Hamburger auf dem Grillrost dürfen nicht plattgedrückt und auch nicht öfters als nur einmal gewendet werden, damit sie nicht zu trocken werden!

Es ist auch nicht ratsam, das Grillgut gleich vor dem Grillen zu salzen, dies führt ebenfalls zu trockenen Ergebnissen.

Am besten ist, das Fleisch, Fisch oder Geflügel vor dem Grillen zu marinieren. Ich zeige dir später noch einige tolle Rezeptideen für besonders leckere Marinaden, die sich auch hervorragend für die nächste Grillparty eignen.

Der richtige Grill

Säulengrill

Diese Grillart zeichnet sich durch die kaminartige Form aus, das heißt, ein Hauptbestandteil dieses Grills ist eine hohe Säule.
Diese Säule ist in der Regel unten an einem Standfuß befestigt. Damit steht der Grill schon einmal sicher. Dies ist allerdings natürlich auch vom Modell abhängig. Häufig findet man im unteren Bereich der Säule auch noch eine Möglichkeit zum Regeln der Belüftung und eine Ascheschublade zum Herausziehen. Oben auf der Säule ist die Grillschale befestigt. Der Grillrost lässt sich häufig in der Höhe verstellen. Eine Windschutzblende rundet die Grillschale ab.
Unter dem Grillrost befindet sich meistens noch ein zweiter Rost für die Holzkohle oder die Briketts. Durch die hohle Säule und die Belüftungsschlitze unten an der Säule entsteht eine gute Luftzirkulation. Diese kann oft noch geregelt werden. Somit lässt sich eine optimale Belüftung erzeugen.
Bei stärkerem Wind muss man allerdings aufpassen, dass die Belüftung nicht zu stark ist, da ansonsten die Temperatur der Kohle enorm ansteigt.

Rundgrill

Die wohl einfachste Grillart unter den hier vorgestellten Varianten ist der Rundgrill. Preislich ist er im unteren Segment angesiedelt. Rundgrills gibt es bereits für ein paar Euro an der Tankstelle, im Fachhandel sind aber natürlich auch teurere Ausführungen mit mehr Stabilität und besserer „Ausstattung" erhältlich.

In der einfachsten Variante besteht ein Rundgrill nur aus einer Grillschale, an die Beine angeschraubt werden. Der Windschutz dient meistens auch als Halterung für den Grillrost.

Grillwagen
Diese Grillart zeichnet sich meistens dadurch aus, dass eine große Grillfläche sowie eine oder zwei seitlich befestigte Abstellflächen zur Verfügung stehen. Darüber hinaus lässt sich ein Grillwagen durch seine Rollen natürlich leicht verschieben und hat häufig sogar unter der Grillschale noch eine Aufbewahrungsfläche. Diese ist recht nützlich, um das Grillzubehör während der grillfreien Zeit aufzubewahren. Der Grillwagen hat keine besonderen Vorrichtungen für die Belüftung der Grillkohle und die Luftzirkulation. Allerdings haben manche Ausführungen eine Ascheschale, über die man die Asche nach dem Grillen bequem entsorgen kann. Zusätzlich gibt es auch noch Grillwagen mit zwei Grillrosten, die unabhängig voneinander in der Höhe verstellt werden können.

Kugelgrill

Diese Grillart ist unverkennbar in ihrer Form, denn sie gleicht einer Kugel. Besser gesagt besteht der Kugelgrill aus zwei Kugelhälften.

In der unteren Hälfte befindet sich ein Grillrost für die Grillkohle oder die Grillbriketts sowie ein (ggf. höhenverstellbarer) Grillrost für das Grillgut. Die untere Kugelhälfte besitzt außerdem ein Belüftungssystem. Auf diese Weise bekommt die Grillkohle von unten mehr Sauerstoff und hält dadurch eine lange und beständige Hitze. Die obere Kugelhälfte besitzt in der Regel Lüftungslöcher und je nach Modell sogar ein Thermometer. Mit einem Kugelgrill ist direktes und indirektes Grillen möglich.

Holzkohle oder Briketts

Viele Grillfans schwören auf bewährte Holzkohle. Aber was ist mit Briketts? In Deutschland werden immer mehr Grillgeräte befeuert mit Briketts. Aber wo liegen die Vor- und Nachteile?

Holzkohle

Vorteile

- Kürzere Vorglühzeit
- Höhere Grilltemperatur
- Typisches „Grillaroma"

Nachteile

- Kürzere Brenndauer

Briketts

Vorteile

- Längere Brenndauer (mehrere Stunden)
- Empfehlenswert fürs indirekte Grillen
- Nachteile

Längere Vorglühzeit

- Geringere Grilltemperatur
- Kein „Grillaroma"

Holzkohle anzünden

Bevor Sie Fleisch und Fisch sowie Gemüse und Fleischersatz in den Grill legen können, muss die Holzkohle gründlich und gleichmäßig erhitzt werden.

Aber was ist der beste und effektivste Weg, um Holzkohle anzuzünden? Ordnen Sie dazu zuerst die Holzkohle an, wobei die meiste Holzkohle in der Mitte des Grills angehäuft ist. Verteilen Sie nun die Grillanzünder in den Kohleberg. Geeignet sind hier leichtere Würfel, Holzwolle mit Wachs und Grillanzünder für Kamin und Grill. Sie können auch flüssigen Grillanzünder verwenden, aber sparsam und vorsichtig damit umgehen. Gießen Sie niemals flüssigen Grillanzünder in brennende Kohlen! Brennspiritus eignet sich auch nicht zum Anzünden des Grills. Wenn die Holzkohle glüht und mit einer dünnen weißen Beschichtung bedeckt ist, verteilen Sie sie gleichmäßig auf dem Grill - Jetzt kann es losgehen.

Alternative zu Holzkohle

Man kann unbehandeltes trockenes und gesundes Holz zum Grillen verwenden. Holzarten wie Buche, Walnuss, Eiche oder Birke eignen sich sehr zum Grillen. Ebenfalls eignen sich auch Bambuskohle, Olivenkern-Briketts sowie Kohle aus Kokosnussschalen.

Fakten zu Holzkohle

- Die Wärme der Kohle hängt von der Qualität der Holzkohle, der Art des Grills und der Art der

Luftversorgung ab. Der Wert kann jedoch zwischen 350 und 600 °C liegen.

- Dank des Zündkamins können Sie nicht nur Holzkohle sicher, sondern auch schnell anzünden. Ein Kamin hat den Vorteil, dass Holzkohle sehr schnell und sehr heiß wird und ein gleichmäßige Glut erzeugt.
- Füllen Sie den Grill mit Holzkohle, so dass der Abstand zwischen Holzkohle und Grillrost ca. 15 cm beträgt.
- Während der Verbrennung verbindet sich Holzkohle mit Sauerstoff und wird schließlich zu gasförmigem Kohlendioxid (CO^2).
- Holzkohle hat kein Mindesthaltbarkeitsdatum. Wenn Sie richtig gelagert wird, bleibt sie für immer erhalten. Bei falscher feuchter Lagerung oder sie sind nass geworden. Wird die Holzkohle beim Grillen stark rauchen oder fängt erst gar nicht anzubrennen.
- Sie können auch Holzkohle und Briketts im Verhältnis 50:50 mischen. Holzkohle glüht schneller und Briketts glühen länger - so kombinieren Sie die Vorteile der beiden Sorten.
- Sie müssen kein Grillanzünder kaufen, sondern machen es einfach selbst. Für die Schnellversion benötigen Sie lediglich einen Eierkarton, Wachsreste und Späne. Legen Sie die Holzspäne in den Schlitz des Eierkartons und gießen Sie das

flüssige Wachs darauf. Nachdem der selbstgemachte Grillanzünder abgekühlt ist, können Sie es abreißen und Stück für Stück verwenden.

Mayonnaise

ERGIBT ETWA 1 GLAS
VORBEREITUNGSZEIT: 5 MIN.
ZUBEREITUNGSZEIT: 5 MIN.

2 Eigelb
200 ml Sonnenblumenöl (oder ein anderes geschmacksneutrales Öl)
2 TL Zitronensaft
1 TL Dijon Senf
Salz und Pfeffer

ZUBEHÖR:
SCHNEEBESEN
SCHMALER MIXBEHÄLTER

Eigelb und Senf in einen Rührbecher geben und mit den
Schneebesen des Handrührgeräts kurz verrühren.
Ca. ¼ des Öls für das tröpfchenweise einrühren, bis sich Öl
und Eigelb zu einer glatten Creme verbinden.

Dann das restliche Öl in einem dünnen Strahl langsam unter
ständigem Rühren zugießen, bis die Masse emulgiert.
Zitronensaft unter die Mayonnaise rühren. Mayonnaise mit Salz, Pfeffer und evtl. Zitronensaft abschmecken.

Caipirinha

Schale von 5 Limetten
Saft von 5 Limetten
1 ½ Liter Wasser
400 ml Cachaca
1 Honigmelone, geschält, gewürfelt
200 g Rohrzucker
In einer Schüssel den Zucker mit dem Limettensaft vermischen. Nun die Melone, die Limettenschalen und den Cachaca dazugeben. Im Kühlschrank für etwa 2 Stunden kaltstellen.
In tiefen Gläsern mit Eiswürfeln servieren.

Guacamole Burger

Dauer: 25 Minuten

Portionen: Für vier Personen

Zutaten:
4 Brötchen
4 Burger Patties, vegan
1 Avocado
2 Knoblauchzehe
1 Limette
1 Chilischote
1 Packung Röstzwiebeln
1 Tomate
1 Paprikaschote
1 Gurke
1 Handvoll Salatblätter
1 Prise Salz
1 Prise Pfeffer

So wird es gemacht:
Avocado halbieren, mit Löffel aushölen und Fruchtfleisch mit Gabel in einer kleinen Schale zerdrücken. Die Limette auspressen und den Saft mit der zerdrückten Avocado verrühren. Knoblauchzehen mit der Knoblauchpresse dazupressen. Nach Geschmack gewaschene Chili zerkleinern und unter die Guacamole geben. Mit Salz und Pfeffer abschmecken

Patties auf dem Grill von beiden Seiten braten. Salat, Gurke, Tomate und Paprika waschen. Gurke und Tomate in Scheiben und Paprika in Ringe schneiden. Brötchenhälften mit Guacamole bestreichen. Untere Hälfte dünn mit Salatblättern belegen. Patty auf das Salatbett legen, mit Ketchup und Senf einstreichen und Röstzwiebeln drüberstreuen. Salatblätter, Tomate, Paprika und Gurke auf Röstzwiebeln drapieren und obere Brötchenhälfte drauflegen.

Backofenkartoffel BBQ-Style

Zutaten
3große Kartoffeln (ca. 300g je Kartoffel)
5 ELRapsöl, oder Sonnenblumenöl
2 Zehenfein gehackter Knoblauch
2 ELBBQ Gewürzmischung
1 TLRauchsalz

Zubereitung
Die Kartoffel gründlich waschen, Schale wenn nötig abbürsten und die Kartoffel in etwa 1cm dicke Scheiben schneiden.
Heizen Sie den Backofen auf 180 Grad vor.
Öl, Knoblauch, Salz und Gewürzmischung gut verrühren und die Kartoffelscheiben von beiden Seiten damit einpinseln. Die Kartoffelscheiben auf ein mit Backpapier ausgelegtes Backblech legen und für ca. 30-35 Minuten in den Backofen geben. Zwischendurch immer wieder wenden.
Die Kartoffel-Scheiben lassen sich auch ausgezeichnet grillen.

Tipp: *Hervorragende Beilage zu gegrilltem, aber auch alleine mit einem Dip.*

Bratwurstspieße mit Pflaumen

Zutaten:
600 g Bratwürste
200 g getrocknete Pflaumen
3 Zwiebeln (rot)
etwas Rotwein
etwas Tabasco
Salz
Pfeffer

Zubereitung:
1/8 l Rotwein, Zucker, Salz und Pfeffer zum Kochen bringen und mit Tabasco verfeinern.
Pflaumen damit begießen.
60 Minuten stehen lassen.
Wurst klein schneiden.
Zwiebel schälen und zerkleinern.
Würstchen, Zwiebeln und Pflaumen auf Spieße verteilen.
15 Minuten auf den Grill geben gelegentlich wenden.

Gegrilltes Gemüse

Dauer: 40 Minuten

Portionen: Für zwei Personen

Zutaten:

2 Zucchini
1 Paprikaschote, rote
1 Paprikaschote, gelbe
1 Zwiebel
2 Kartoffel
120ml Olivenöl
2 Knoblauchzehen
1 Zweig Thymian
2 Zweig Rosmarin
Salz

So wird es gemacht:

Zucchini waschen und in ½cm dicke Scheiben. Zwiebel schälen ½cm dicke Scheiben schneiden.
Paprikaschoten vierteln. Kartoffeln schälen und in dünne Scheiben schneiden.
Öl in einer Pfanne erhitzen. Knoblauchzehen fein hacken. Knoblauch, Salz und gehackte Kräuter in die

Pfanne geben. Kurz andünsten. Gemüse hinzugeben und 2 Stunden durchziehen lassen. Dabei mehrmals gut umrühren.

Alufolie mit Olivenöl auspinseln, das Gemüse darauf verteilen und unter gelegentlichem Wenden knusprig grillen. Mit Salz abschmecken.

Zitronen-Oliven-Sauce

Zutaten:
300 g Joghurt
50 ml süße Sahne
Saft von einer Zitrone
2 Knoblauchzehen
Prise Salz und Pfeffer
Je 50 g schwarze und grüne Oliven, entkernt

Zubereitung:

Joghurt mit der süßen Sahne in einer Schüssel vermengen. Mit Zitronensaft, Salz und Pfeffer abschmecken. Zwei Knoblauchzehen schälen und fein hacken. Die Oliven klein schneiden und mit dem Knoblauch unter den Joghurt heben. Die Zitronen-Oliven-Sauce bis zum Verzehr im Kühlschrank aufbewahren.

Rotweinmarinade

Zutaten:

2 Zwiebeln
einige Kräuterzweige (Rosmarin, Kerbel, Thymian)
250 ml Liter Rotwein
etwas Rotweinessig
3 bis 4 EL Olivenöl
2 Lorbeerblätter
3 Gewürznelken
1 TL Pfefferkörner

Zubereitung:

Zwiebeln schälen und hacken. Die Kräuter säubern und zusammen mit den Zwiebelstücken in ein größeres Gefäß legen. Rotwein, Essig, Öl und die Gewürze zugeben und alles verrühren.
Die Rotweinmarinade eignet sich besonders für dunkles Fleisch wie Rindfleisch, Lammfleisch und für Innereien.

Weiweinmarinade

Zutaten:

250 ml Weißwein
Saft und Schale von 1 unbehandelten Zitrone,
1 TL weiße Pfefferkörnern
Einige Kräuterzweigen (Dill, Kerbel, Estragon)
5 EL Olivenöl

Zubereitung:

Alle Zutaten in ein hohes Gefäß geben und gut vermischen.
Eignet sich für Geflügel-, Kalb-, aber auch Rindfleisch, Fleischspieße und Fischkoteletts.

Champignon-Cheeseburger

FÜR 4 PERSONEN
ZUBEREITUNGSZEIT: 10 MIN.
GRILLZEIT: 8 BIS 10 MIN.

700 g Hackfleisch vom Rind
60 g Champignons, fein gehackt
5 EL geröstete rote Paprikaschoten (aus dem Glas)
4 EL Püree aus sonnengetrockneten Tomaten
4 Salatblätter
4 Scheiben Gouda
4 Burgerbrötchen
1 TL Kräuter der Provence
Salz und Pfeffer

Den Gasgrill für direkte starke Hitze (230–280 °C) erhitzen.
Die Zutaten für die Burger in einer großen Schüssel gründlich vermischen. Aus der Fleischfarce vier gleich große, etwa 2 cm dicke Burger formen.
Die Burger über direkter starker Hitze bei geschlossenem Deckel 8–10 Min. grillen, bis sie halb durch (medium) sind. Sobald sie sich leicht vom Grill lösen lassen, einmal wenden. In der letzten Minute die Burger jeweils mit Käse belegen und die Brötchen mit den Schnittflächen nach unten auf dem Gasgrill leicht rösten.

Die unteren Brötchenhälften mit Tomatenpüree bestreichen und jeweils mit 1 Salatblatt und 1 Burger belegen, die oberen Brötchenhälfte daraufsetzen und warm servieren.

Wildkräutersoße

2 Handvoll frische Minze, fein gehackt
2 Handvoll frische Petersilie, fein gehackt
2 Handvoll frische Dill, fein gehackt
3 Frühlingszwiebeln, fein gehackt
1 Prise Zucker
Saft von 2 Orangen
300 ml Olivenöl
Alles in einer Schüssel zusammen vermischen, bis eine cremige Konsistenz entsteht.
Mit dieser Soße können Sie vor allem die Fleischersatz- und Hülsenfrüchtegerichte verfeinern.

Marinaden

Die Marinaden sind für jeweils 500 g des Fleischersatzprodukts gedacht. Sie können für ungewürzten Tofu, Sojafleisch, Tempeh und Seitan verwendet werden. Das pflanzliche Eiweißprodukt sollte in der Marinade für mindestens 2 Stunden, besser aber über Nacht, ziehen, um den Geschmack vollständig aufnehmen zu können. Hier kommen vor allem Gewürze und hochwertige Öle zum Einsatz. Haben Sie bei sich zu Hause einen Mörser, können Sie sogar Ihre eigenen Gewürze aus den Wildkräutern, Samen und Körnern herstellen. Das macht die Marinaden um eine Spur aromatischer und würziger!

Champignons zum Grillen

Dauer: 10 Minuten

Portionen: Für zwei Personen

Zutaten:
10g Champignons
50g Käse
10 Scheiben roher Schinken

So wird es gemacht:
Champignons putzen und die Stiele entfernen. In die Mitte der Champignons einen kleine Delle schneiden und diese jeweils mit etwas Käse befüllen.
Anschließend den Schinken jeweils um die Champignons umwickeln und mit einem Zahnstocher befestigen.

Für fünf auf den Grill geben und dabei mehrmals wenden.

Tsatsiki

Zutaten

1 mittelgroße Gurke
2 T vegane Mayonnaise
2 EL frische Minze
1/4 T frisch gepresster Zitronensaft
4-6 Knoblauchzehen, gepresst oder gehackt
1 EL frisch gehacktes Dillkraut (oder 1 TL trockene Dillspitzen)
1/8 TL Meersalz
1/8 TL frisch gemahlener schwarzer Pfeffer
1 Prise Cayennepfeffer

Zubereitung

Die Gurke grob reiben und in einer großen Schüssel mit den restlichen Zutaten geben und gut vermischen.
Um es etwas säuerlicher schmecken zu lassen, geben Sie bitte noch mehr Zitronensaft dazu. Kühl servieren.

Hackfleischbällchen mit Mandeln und Garnelen

Zutaten:
400g Hackfleisch
250 Gramm Tiefkühl-Riesengarnelenschwänze
1 Eigelb
2 EL Salsa Grillsauce
20g kalifornische Mandeln
4 Zweige Koriander
Salz
Pfeffer
8-10 Holz- oder Metallspieße

Zubereitung:
Die Garnelen auftauen lassen.
Währenddessen Hackfleisch und Eigelb vermischen.
Die Mandeln kleinhacken.
Garnelen in kleine Stücke schneiden und unter die Hackfleischmasse bringen.
Danach auch die Salsa Sauce und die Mandeln unterrühren.
Als nächstes muss der Koriander gehackt werden und ebenfalls untergemengt werden.
Danach schön salzen und pfeffern.

Mit nassen Händen dann kleine Kugeln formen und davon 3 bis 4 auf einen Spieß stecken.
Danach etwas andrücken und von jeder Seite 5 Minuten grillen.

Spanische Spieße

Dauer: 150 Minuten

Portionen: Für zwei Personen

Zutaten:

250ml Olivenöl

4 Knoblauchzehen

1 Zwiebel

1 Paprikaschote

1 Prise Pfeffer

1 Prise Salz

4 TL Chilipulver

2 TL Paprikapulver

3 EL Zucker

4 Hähnchenbrustfilets

1 EL Öl

So wird es gemacht:

Zwiebel schälen, waschen und fein hacken. Knoblauch schälen, waschen und fein hacken. Paprika waschen und fein hacken. Alle Zutaten, bis auf die Hähnchenbrust, in eine Schüssel geben und zu einer Marinade verarbeiten.
Hähnchenbrust in Streifen schneiden und mit Holzspießen aufziehen. Streifen in die Marinade geben und für mehrere Stunden zugedeckt im Kühlschrank ziehen lassen.
Spieße auf dem Grill von allen Seiten anbraten.

Selbst gemachter grober Senf

Für 150 g Senf / Zubereitungsdauer ca. 10 Minuten plus Ruhezeit

Zutaten:
50 g helle Senfkörner
1 EL Zucker
50 ml Wasser
50 ml geschmacksneutrales Öl
2 EL heller Essig
2 EL helle Senfkörner
2 EL dunkle Senfkörner
Prise Salz und Pfeffer

Zubereitung:

Die hellen Senfkörner fein mahlen, den Zucker hinzugeben und weiter im Mörser zerstoßen. Mit dem Wasser und dem Öl sowie dem Essig aufgießen und weiter mörsern. Zu guter Letzt die restlichen Senfkörner zufügen, mit Pfeffer und Salz abschmecken und einen Tag ruhen lassen.

Schweinesteaks mit Salsa-Dip

Zutaten für 4 Personen:

8 Minischnitzel vom Schwein
4 Tomaten
1 rote Chilischote
2 Knoblauchzehen
2 EL Olivenöl
4 EL Zitronensaft
½ Bund Koriander
2 EL Rotweinessig
100 ml Chilisauce
Salz und Pfeffer

Zubereitung:

Chilischote waschen, halbieren, entkernen und fein hacken. Knoblauch schälen und fein hacken. Beide Zutaten mit Zitronensaft und Olivenöl gut verrühren.
Schweinesteaks unter fließendem Wasser abwaschen, notfalls dünner klopfen und in eine Schüssel geben. Die Marinade über die Steaks geben und 2-3 Stunden kaltstellen.
Für die Salsa Tomaten mit heißem übergießen, häuten und vierteln. Fruchtfleisch entfernen und würfeln. Koriander waschen und fein hacken.

Tomaten, Koriander, Essig und Chilisauce gut verrühren. Die Steaks aus der Marinade nehmen, gut abtropfen lassen und pro Seite ca. 3 Minuten grillen. Nach der Garzeit mit Salz und Pfeffer würzen, mit der Salsa anrichten.

Zucchini-Feta-Spieße

FÜR 4 PERSONEN
ZUBEREITUNGSZEIT: 70 MIN.
GRILLZEIT: 15 MIN.

350 g Feta, in 3 cm große Stücke geschnitten
24 Kirschtomaten
130 ml Olivenöl (plus 3 EL zum Grillen)
2 Zucchini, in dünne Streifen geschnitten
2 Teelöffel Zitronensaft
2 Teelöffel Oregano
Salz und Pfeffer

ZUBEHÖR:
Metall- ODER HOLZ-SPIESSE (GEWÄSSERT)

Olivenöl mit Zitronensaft und Oregano verrühren. Mit Salz und Pfeffer würzen, beiseitestellen.
Den Käse in eine kleine Schüssel geben und mit Zitronenöl übergießen, abgedeckt ca. 1 Stunde kaltstellen.
Den Gasgrill für direkte mittlere Hitze (180–240 °C) erhitzen.
Fetawürfel aus dem Zitronenöl nehmen, Zitronenöl beiseitestellen. Fetawürfel in den Zucchinistreifen einwickeln und abwechselnd mit Kirschtomaten auf die Spieße ziehen.

Die Spieße über direkter mittlerer Hitze bei geschlossenem Deckel grillen, 8-10 Min. dabei mehrfach wenden. Etwas Zitronenöl über die Spieße geben und warm servieren.

Ananas-Chutney

2 große Ananas, geschält, gewürfelt
4 Zwiebeln, fein gehackt
1 Knoblauchzehe, gepresst
1 rote Pfefferschote, entkernt, fein gehackt
3 EL Pflanzenöl
2 EL Rohrzucker
2 EL helle Senfsaat
2 EL Balsamicoessig
2 EL Weißweinessig
1 Handvoll frischer Koriander, fein gehackt
Salz und Pfeffer zum Abschmecken
etwas Öl

Etwas Öl in einem Topf erhitzen und den Knoblauch und die Zwiebeln glasig andünsten. Den Zucker zugeben und leicht karamellisieren lassen.

Die Ananas, Pfefferschote und Senfsaat dazugeben und für 5 weitere Minuten dünsten lassen. Mit den Essigsorten ablöschen und weitere 30 Minuten bei kleiner Hitze einkochen.

Das Chutney zum Schluss mit Salz und Pfeffer abschmecken und abkühlen lassen.

Am Ende den frischen Koriander hinzugeben.

Gefüllte Riesenchampignons zum Grillen

Dauer: 15 Minuten

Portionen: Für acht Personen

Zutaten:
8 Champignons
3 Esslöffel Olivenöl
1 Prise Salz
1 Prise italienische Kräuter
1 Prise Pfeffer
150g Fetakäse
2 Knoblauchzehen
2 Tomaten

So wird es gemacht:
Olivenöl mit den Kräutern verquirlen.
Champignons putzen und die Stiele entfernen.
Champignons mit dem Olivenöl bestreichen und auf einer Grillschale anrichten.
Stiele grob hacken. Fetakäse in dicke Scheiben schneiden. Tomaten waschen, Strunk entfernen und grob hacken. Knoblauch schälen, waschen und fein hacken. Tomaten, Stiele, Käse und Knoblauch in eine Schüssel geben und miteinander vermengen. Mit Salz und Pfeffer abschmecken und wieder gut umrühren. Die Champignons mit der Masse füllen.

Für acht Minuten auf den Grill geben.

Champignons vom Grill

Zutaten

500 g frische Champignons
4 Zehen Knoblauch
5 EL Sojasauce
5 EL Sonnenblumenöl
etwas Salz und Pfeffer

Zubereitung
Putzen Sie die Champions und stellen Sie sie erst einmal zu Seite.
Die Knoblauchzehen durch die Knoblauchpresse drücken oder ganz klein schneiden und mit dem Öl und der Sojasauce vermischen und mit Salz und Pfeffer würzen.
Die Champignons hinzugeben und durchmischen. Sollte es zu wenig Marinade sein, einfach noch etwas von den Zutaten hinzugeben.

In Alufolie bei nicht mehr allzu starker Hitze einige Minuten auf den Grill legen, jedoch die Folie oben nicht schließen, damit Sie sehen können, ob die Pilze gar sind.

Folienkartoffel mit Frühlingszwiebeln-Curry-Quark

Zutaten:
1,5 kg Kartoffeln
500 g Speisequark (20 %)
2 EL Saure Sahne
500 g Salatgurke
8 Kirschtomaten
3 Frühlingszwiebeln
etwas Curry-Salz
etwas Pfeffer

Zubereitung:
Kartoffeln mit Alufolien umwickeln und 1 Stunden auf vorgeheizten Grill geben
Salatgurke waschen, putzen und hälften
Frühlingszwiebeln waschen, trocknen und zu Ringen verarbeiten
Quark, Curry, Gurken und Zwiebeln vermengen
salzen und pfeffern
Kartoffeln mit Quark befüllen und anrichten

Lammrippchen

Dauer: 140 Minuten

Portionen: Für vier Personen

Zutaten:

1 Kilo Lammrippchen
5 EL Olivenöl
1 Zitrone, Saft
2 Knoblauchzehen
1 Prise Salz
1 Prise Pfeffer
1 TL Oregano

So wird es gemacht:

Knoblauchzehe schälen, waschen und fein hacken.
Öl, Zitronensaft, Knoblauch, Salz, Pfeffer und Oregano in eine Schüssel geben und zu einer Marinade verarbeiten. Rippchen in die Marinade geben und für 2 Stunden zugedeckt ziehen lassen.
Auf dem Grill von beiden Seiten goldbraun anbraten.

Pikante-Salsa-Sauce

Zutaten:
1 Zwiebel
2 Knoblauchzehen
2 Chilischoten (Jalapenos)
1 EL Öl
425 ml stückige Tomaten
4 EL Apfelessig
2 EL braunen Rohrzucker
Prise Salz und Pfeffer

Zubereitung:

Zwiebel und Knoblauchzehen schälen und fein würfeln. Chilischoten waschen, entkernen und würfeln. Öl in einer Pfanne erhitzen und die Zwiebel und den Knoblauch glasig dünsten.
Chilischoten, stückige Tomaten, Apfelessig und braunen Rohrzucker dazugeben und für 30 bis 40 Minuten köcheln lassen. Gelegentlich umrühren. Mit Salz, Pfeffer und Apfelessig abschmecken. Heiß in ein Glasgefäß füllen.

Puten-Cordon bleu

Zutaten für 4 Personen:

8 sehr dünne Putenschnitzel á ca. 60-80 g
Salz und weißer Pfeffer
einige frische Basilikumzweige
150 g Cambozola oder Gorgonzola
8 dünne Scheiben gekochter Schinken
Saft von ½ Zitrone
4 EL Olivenöl

Zubereitung:

Putenschnitzelchen mit Klarsichtfolie bedecken und mit dem Fleischklopfer nur leicht plattieren. Salzen und pfeffern. Basilikumblättchen zupfen, waschen, trocknen und grob zerschneiden. Käse mit der Gabel zerkleinern.
Schinkenscheiben auslegen, darauf Basilikum und Käse verteilen. Die belegten Schinkenscheiben aufrollen und auf die Putenschnitzel legen.
Putenschnitzel zusammenklappen und mit Holzspießchen feststecken. Zitronensaft mit Olivenöl verrühren und die gefüllten Putenschnitzel damit auf beiden Seiten bepinseln.

Den Tischgrill oder den heißen Stein vorheizen. Puten-Cordon bleu auf die Grillplatte legen und ca. 10-12 Minuten auf beiden Seiten knusprig braten.

Beim Wenden mit dem restlichen Zitronenöl beträufeln. Grillplatte oder heißen Stein mit einem Gläschen „Hochprozentigem" beträufeln.

Zum einen kann der Bratensatz nicht einbrennen und zum anderen wird der Bratensaft noch verfeinert und dann mit viel Weißbrot aufgetunkt.

Peruanische Steakspieße mit gegrilltem Mais

FÜR 4 PERSONEN
ZUBEREITUNGSZEIT: 20-25 MIN.
GRILLZEIT: 20 BIS 30 MIN.
ZUBEHÖR: METALL- ODER HOLZSPIESSE (GEWÄSSERT)

ZUTATEN FÜR DIE WÜRZMISCHUNG:

4 TL Meersalz
1 EL reines Chilipulver
1 EL Zwiebelpulver
1 TL Paprikapulver
1 TL getrockneter Majoran
¼ TL gemahlener Zimt
1½ TL Knoblauchpulver
½ TL gemahlene Kreuzkümmelsamen
½ TL schwarzer Pfeffer
100 ml Olivenöl

600 g Sirloin-Steak (flaches Roastbeef), etwa 3 cm dick, in 3 cm große
Würfel geschnitten

2 frische Maiskolben, Hüllblätter entfernt, quer in jeweils 4 Stücke geschnitten
20 Kirschtomaten

Den Gasgrill für direkte mittlere Hitze (180–230 °C) erhitzen.
Die Zutaten für die Würzmischung in einer kleinen Schüssel gut vermischen.
Fleischwürfel mit einem Drittel der Würzmischung in eine große Schüssel geben und gründlich vermischen. Restliche Paste zum Bestreichen der Maiskolben und zum Servieren beiseitestellen. Fleisch und Kirschtomaten abwechselnd auf Spieße ziehen.
Den Mais rundherum dünn mit etwas Würzmischung bestreichen und über direkter mittlerer Hitze bei geschlossenem Deckel 10–15 Min. grillen, bis er stellenweise braun ist, dabei gelegentlich drehen und wenden. Gleichzeitig die Spieße über direkter mittlerer Hitze grillen, bis das Fleisch den gewünschten Gargrad erreicht hat, 6–8 Min. für rosa/rot bzw. medium rare, dabei die Spieße mehrfach wenden. Die restliche Würzmischung über Spieße und Mais geben und warm servieren.

Pfirsich-Chutney

600 g Pfirsiche, entsteint, gewürfelt
3 Zwiebeln, fein gehackt
1 Chilischote, entkernt, fein gehackt
80 ml Essig
Saft von 2 Orangen und 1 Zitrone
120 g Gelierzucker

In einem großen Topf alle Zutaten mit dem Gelierzucker verrühren und bei mittlerer Hitze aufkochen lassen. Es sollte schön eindicken.
Danach abkühlen lassen.

Aufstriche

Die besten Aufstriche bestehen aus Hülsenfrüchten und Nüssen oder Samen. Sie können gerne mit jeder Art von Gemüse (oder sogar Obst) gemischt werden. Besonders gut passen sie zu leichteren Gerichten wie Gemüse, gefülltem Gemüse, Kartoffeln, Süßkartoffeln und Salaten sowie auch zu Grillbroten.

BBQ-Burger mit Sojamedaillons

Dauer: 70 Minuten

Portionen: Für vier Personen

Zutaten:

Für die Medaillons:
100g Sojamedaillons
Salz und Pfeffer
50ml Rapsöl
½ Knoblauchzehe
1 Teelöffel Paprikapulver
½ Cayennepfeffer
1 Zweig Thymian
4 Rosmarinadeln
3 Tropfen Raucharoma

Für das Grillgemüse:
1 Zwiebel
4 Tomaten
1 Aubergine
2 Paprikaschoten
4 Champignons
4 Esslöffel Walnussöl
3 Esslöffel Olivenöl
½ Knoblauchzehe
½ Teelöffel Cayennepfeffer
½ Teelöffel Oregano

½ Teelöffel Rohrzucker
1 Teelöffel Aceto balsamico bianco
½ Tomatenmark
4 Burgerbrötchen
4 Salatblätter

Für die Remoulade:
80ml Sojamilch
1 Teelöffel Aceto balsamico bianco
100ml Rapsöl
1 Schalotte
½ Bund Schnittlauch
½ Teelöffel Senf

So wird es gemacht:
Für die Sojamedaillons: Medaillons in heißem Salzwasser 20 Minuten zugedeckt ziehen lassen. Währenddessen restliche Zutaten in einem Mixer fein pürieren und mit Salz und Pfeffer abschmecken. Medaillons abgießen und mit der Marinade vermischen und wieder einige Minuten ziehen lassen.
Für die Remoulade: Sojamilch und Balsamico miteinander verquirlen. Nach und nach das Öl dazugeben. Schalotte schälen und fein würfeln. Schnittlauch waschen und fein hacken. Schalotte, Schnittlauch und Senf unter die Remoulade heben. Mit Salz und Pfeffer abschmecken.
Für das Grillgemüse: Zwiebel schälen und in Scheiben schneiden. Tomaten waschen und in Scheiben schneiden. Aubergine waschen und in Scheiben

schneiden. Paprikaschoten waschen, vierteln und entkernen. Champignons waschen und Stiel entfernen. Das Walnuss- und Olivenöl mit den restlichen Gewürzen und Zutaten im Mörser zu einer Marinade verarbeiten und mit Salz und Pfeffer abschmecken. Das Gemüse in der Marinade schwenken und fünf Minuten ziehen lassen.

Das Gemüse und die Medaillons auf einem Grill oder in einer Grillpfanne anbraten und zusammen mit den Salatblättern und der Remoulade in den Burgerbrötchen servieren.

Spieß mit bunten Gemüse

Zutaten:
Eine Aubergine
Zwei große Zucchini
Zwei Paprika
Ein vorgekochter Maiskolben
400 Gramm Tomaten (cherry)
Zwei große Zwiebeln
0,25 Zitrone
3 EL Sonnenblumen- oder Olivenöl
Salz
Pfeffer

Zubereitung:
Die Zwiebeln und Aubergine als erstes schälen, dann die Paprika waschen und aushöhlen.
Als nächstes alles in große Stücke schneiden.
Die Zucchini waschen und die Enden abschneiden und danach in Scheiben schneiden.
Auch die kleinen Cherry Tomaten gründlich waschen und im Ganzen für den Spieß stecken. Danach den Maiskolben in dicke Scheiben schneiden. Den Saft des Zitronenstücks zusammen mit Öl, Salz und etwas Pfeffer in eine Schüssel geben alles gut durchmischen.
Dann das eben vorbereitete Gemüse dazugeben und alles mit reichlich Marinade durchmischen. Dann nur noch die Gemüsestücke abwechselnd auf die Stäbe aufspießen. Dabei auch darauf achten, dass die Stücke nicht zu stark gequetscht werden.

Die fertigen Spieße werden dann für 20 bis 25 Minuten am Rande des Grillrostes aufgelegt und bei eher niedrigen Temperaturen gegrillt.
Dabei unbedingt darauf achten, dass die Stäbe regelmäßig gewendet werden.

Thunfisch Burger

Dauer: 45 Minuten

Portionen: Für vier Personen

Zutaten:

Für die Buletten:

600g Thunfischsteaks

70g Schalotte

2 EL Kapern

2 TL Ingwer

1 EL Sojasauce

1 EL Sesamöl

1 TL Worcestersauce

2 EL Koriander

1 Prise Salz

1 Prise Pfeffer

Außerdem:

4 EL Limettensaft

4 Burgerbrötchen

4 Salatblatt

So wird es gemacht:

Fisch in kleine Stücke schneiden. Nun alle Zutaten für die Bulette in eine Schüssel geben und zu einer homogenen Masse verarbeiten. Hände leicht anfeuchten und vier gleichgroße Buletten formen.
Buletten auf einem Grill von beiden Seiten goldbraun anbraten.

Ananas-Wurstspieße

Zutaten für 4 Personen

4 große Bratwürste
1 frische Ananas
1-2 Zwiebeln
1-2 rote Paprikaschoten
1 rote Chilischote
50 g Honig
50 ml weißer Balsamicoessig
1 EL Curry
Olivenöl zum Bestreichen
Ananasscheiben und Kräuterzweige zum Garnieren

Zubereitung:

Die Bratwürste in mundgerechte Stücke schneiden
Die Ananas schälen, halbieren, den Strunk herausschneiden und das Fruchtfleisch in mundgerechte Stücke schneiden.
Die Zwiebeln schälen und in grobe Stücke schneiden
Die Paprikaschoten halbieren, entkernen, waschen, abtropfen lassen und Stücke schneiden.
Die Bratwürste, die Ananas, die Zwiebeln und die Paprikastücke abwechselnd auf die Spieße stecken
Die Chilischote entkerne, waschen, fein würfeln, mit dem Honig und dem Balsamicoessig verrühren und den Curry einrühren.

Die Bratwurstspieße mit etwas Olivenöl bestreichen, auf dem Grill oder in einer Grillpfanne garen, dabei öfter mit dem Chilihonig bestreichen.
Die gegarten Ananas-Wurstspieße nochmals mit Chilihonig ab glänzen, dekorativ anrichten, mit Ananasscheiben und Kräuterzweigen garnieren und sofort servieren.

Marinierte Lammkeule

Zutaten für 6-8 Personen:

1 Lammkeule (ca. 2,5 kg)

Für die Marinade:

1 Liter Rotwein
2 kleine Zwiebeln
4 Knoblauchzehen
Saft von ½ Zitrone
Einige Zweige Thymian und Bohnenkraut
1 EL scharfer Senf
2 Lorbeerblätter
1 EL Wacholderbeeren
1 TL Pfefferkörner

Zum Grillen:

5 Knoblauchzehen
Frisch gemahlener schwarzer Pfeffer
5 EL Olivenöl
Salz

Zubereitung:

Die Lammkeule unter kaltem Wasser abwaschen, in eine große Schüssel legen und mit Rotwein begießen. Zwiebel und den Knoblauch schalen, würfeln und zusammen.
Mit Orangensaft, Zitronenschale und anderen Würzzutaten zur Lammkeule geben. Das Fleisch abdecken and während der Marinierzeit von 1 bis 3 Tagen hin und wieder wenden.
Die Lammkeule aus der Marinade nehmen, Gewürze abstreifen und trockentupfen. Die Knoblauchzehen schälen und in Stifte schneiden.
Das Lammfleisch einritzen und die Knoblauchstifte in die Ritzen stecken. Die Lammkeule etwas pfeffern und auf den Grillspieß stecken.
Während der 1 ½ -sündigen Garzeit das Fleisch öfter mit Olivenöl bepinseln. Die Keule vom Grillspieß nehmen, von allen Seiten salzen und in Alufolie wickeln. Für etwa 10-12 Minuten auf die Seite des heißen Grills zum Nachziehen legen.

Lamm-Köfte

FÜR 4 PERSONEN
ZUBEREITUNGSZEIT: 15 MIN.
GRILLZEIT: ETWA 6 MIN.
ZUBEHÖR: 16 METALL- ODER HOLZSPIESSE (GEWÄSSERT)

ZUTATEN FÜR DEN JOGHURT:

150 g griechischer Naturjoghurt
1 EL frische Minzeblätter, fein gehackt
1 EL Zitronensaft

ZUTATEN FÜR DIE KÖFTE:

500 g Hackfleisch vom Lamm
1 mittelgroße Zwiebel, grob geschnitten
3 große Knoblauchzehen, fein gehackt
1 TL getrocknete Paprika (scharf)
1 TL Kumin
frischer Thymian
Salz und Pfeffer

8 Romanasalatblätter
Olivenöl

Joghurt, Minze und Zitronensaft in einer mittelgroßen Schüssel vermengen.
Den Gasgrill für direkte mittlere bis starke Hitze (200–250 °C) erhitzen.
Die Zutaten für die Köfte in einer großen Schüssel gründlich
vermischen. Mit angefeuchteten Händen jeweils einen Esslöffel von der Hackfleischmasse zu einem Bällchen formen, insgesamt 24 Stück.
Je 3 Köfte auf einen Spieß ziehen und dünn mit Olivenöl bestreichen.
Die Köfte über direkter mittlerer bis starker Hitze bei geschlossenem Deckel etwa 6 Min. grillen, bis sie außen gebräunt und innen noch leicht rosa sind, dabei ein bis zweimal wenden. Vom Gasgrill nehmen.
Auf vier Teller je 2 Salatblätter nebeneinander legen. Die Köfte von
den Spießen ziehen und jeweils 3 Köfte auf den Salatblättern anrichten. Warm mit dem Minzejoghurt servieren.

Kürbisaufstrich

200 g Hokkaidokürbis, geschält, entkernt, gewürfelt
1 Zwiebel, fein gehackt
2 EL Butter
5 EL Sahne oder Crème fraîche
150 ml Brühe
1 Schuss Kürbiskernöl
Salz und Pfeffer zum Abschmecken
Die Butter in einer Pfanne erhitzen und die Zwiebel andünsten. Die Kürbiswürfel dazugeben und mitdünsten lassen. Die Brühe und Sahne dazu gießen und kurz aufkochen lassen. Bei mittlerer Hitze für ca. 15 Minuten einköcheln lassen. Danach abkühlen lassen.
Zum Schluss nach Belieben mit Salz, Pfeffer und Kürbiskernöl abschmecken.

Bruschetta vom Grill

Dauer: 10 Minuten

Portionen: Für vier Personen

Zutaten:
2 Ciabatta
2 Tomaten
4 Esslöffel Tomatenketchup
2 Knoblauchzehen
2 Esslöffel Olivenöl
1 Esslöffel fein gehacktes Basilikum

So wird es gemacht:
Ciabatta in Scheiben schneiden und die Schnittstelle auf einem Grill kurz anrösten.
Tomaten waschen, Strunk entfernen und würfeln. Knoblauch fein pressen. Tomaten, Tomatenketchup, Knoblauch, Olivenöl und Basilikum in eine Schüssel geben und miteinander vermengen. Die Masse auf der Brotscheibe bestreichen und auf dem Grill noch einmal rösten lassen.

Makrelen mit Orangen und Frühlingszwiebel

Zutaten:
8 Makrelenfilets
1 Orange
2 Frühlingszwiebeln
etwas Limettensaft
etwas Olivenöl
1 TL Honig
1 EL Koriandergrün

Zubereitung:
Fischfiles abwaschen und mit Salz, Pfeffer und Limettensaft verfeinern
mit Öl bestreichen und für 5 Minuten auf den angeheizten Grill geben
gelegentlich umdrehen
Orange schälen und filetieren
Fruchtfleisch und Honig vermengen
Frühlingszwiebeln waschen und zu Ringen verarbeiten
Zwiebeln, Filets und Koriandergrün in den Orangensaft legen
Filets anrichten und mit Orangensauce verfeinern

Lammkotelett mit Kräutern

Zutaten für 4 Personen
12 küchenfertige Lammkoteletts
100 ml Olivenöl
1 Chilischote
2 Knoblauchzehen
Einige Thymianzweige
Einige Rosmarinzweige
1 TL zerdrückte Pfefferkörner

Zudem noch:
2 EL Olivenöl
1 Zwiebel
Je 1 grüne und rote Paprikaschote
400 g Zucchini
100 ml Gemüsebrühe
Prise Salz und Pfeffer
1 Prise Cayennepfeffer
Prise Zucker
8 gebratene Apfelscheiben
Kräuterzweige zum Garnieren

Zubereitung:

Die Koteletts mit Wasser abspülen. Das Olivenöl erhitzen. Die Chilischote entkernen, waschen, klein

hacken und mit den geschälten, fein gehackten Knoblauchzehen ins Öl geben, kurz erhitzen, vom Herd nehmen und das Öl abkühlen lassen.
Die Pfefferkörner und die Kräuter dazugeben. Die Koteletts auf beiden mit der Marinade bestreichen und für 2-3 Stunden im Kühlschrank durchziehen lassen. Zwiebel schälen und in kleine Stücke schneiden. Das Olivenöl in einem Topf erhitzen, die Zwiebelwürfel glasig anschwitzen.
Die Paprikaschote teilen, entkernen, waschen, würfeln und zur Zwiebel geben und kurz anbraten. Die Zucchini waschen, würfeln und dazugeben und kurz mitschwitzen lassen. Die Gemüsebrühe mit Pfeffer, Salz, Cayennepfeffer und Zucker würzen.
Die Koteletts grillen oder im Chili Öl braten. Anschließend mit dem Gemüse anrichten, die Apfelscheiben dazugeben und mit den Kräuterzweigen garnieren und sofort servieren.

Adana-Kebap mit Pide

Zutaten für 4 Spieße:

1 mittelgroße Zwiebel
500 g mittelfettes Rinder-oder Lammhackfleisch
Salz
frisch gemahlener Pfeffer
1 Msp. Kreuzkümmel
1 TL scharfes Paprikapulver
1 Prise Cayennepfeffer
1 TL Öl

Für 1 großes Pide (Fladenbrot):

1 Päckchen Hefe (42 g)
500 g Weizenmehl
½ TL Salz
Etwas Öl
1 Eigelb
1 TL Zucker
1 TL Olivenöl
2 EL Sesamsamen
1 TL schwarzer Kümmel

Zubereitung:

Zwiebel schälen und fein hacken. Mit dem Hackfleisch, mit Salz, Pfeffer und den anderen Gewürzen mindestens 10 Minuten gut verkneten. Anschließend das Fleisch in 4 Portionen teilen und zu Rollen von etwa 15-17 cm Länge formen.
Diese auf geölte Spieße stecken und fest andrücken. Kebap auf dem Grill von allen Seiten braten. Für das Pide (Fladenbrot): Hefe in 125 ml lauwarmem Wasser auflösen. Das Mehl in eine große Schüssel sieben, mit den Händen lockern.
In die Mitte eine Vertiefung drücken und die Hefemischung hineingeben, Salz an den Rand streuen. Von der Mitte aus die Hefe mit dem Mehl verrühren, noch rund 125 ml warmes Wasser zugießen, erst rühren, dann verkneten.
Hände etwas einölen, damit der Teig nicht an den Fingern klebt. Er sollte weich und geschmeidig sein. Den Teig an einem warmen Platz bedeckt etwa 30 Minuten gehen lassen, bis er sein Volumen verdoppelt hat.
Einen runden, flachen Fladen formen, wobei die Ränder etwas dicker als die Mitte sein sollten, und auf ein gefettetes Blech legen.
Mit dem nassen Zeigefinger regelmäßige Vertiefungen eindrücken, sodass ein Rautenmuster entsteht. Eigelb, Zucker, Olivenöl und 1 EL Wasser verrühren.
Den Fladen damit einpinseln sowie mit Sesam und schwarzem Kümmel bestreuen. Nochmals 15 Minuten gehen lassen. Im vorgeheizten Ofen bei 225 Grad ca. 20-30 Minuten backen, bis das Brot sich golden färbt.

Quinoa-Bohnen-Salat

ZUTATEN FÜR DAS DRESSING:

2 Zitronen
1 EL Tahini (Sesampaste)
1 EL bestes Olivenöl
1 Bund Petersilie
3 EL Wasser
1 EL Ahornsirup
1 TL Meersalz
frisch gemahlener Pfeffer

ZUTATEN FÜR DEN SALAT:

1,5 kg dicke Bohnenschoten (oder 300g gepalte)
1 kg grüne Erbsenschoten (oder 300g gepalte)
3 Frühlingszwiebeln, in dünne Ringe geschnitten
100g Quinoa

Bohnen und Erbsen aus den Schoten befreien. Einen großen Topf Wasser zum Kochen bringen. Die Erbsen 2 Min. blanchieren. Herausfischen und in Eiswasser abschrecken. Die Bohnenkerne ins kochende Wasser geben und ebenfalls blanchieren, etwa 4 Min. lang. Abgießen, in Eiswasser abschrecken und anschließend die Bohnenkerne aus den Häutchen drücken. Beiseitestellen. Alle Zutaten für das Dressing in einen Mixer geben und eine Minute lang pürieren. Ebenfalls beiseitestellen.

Ein zweiten Topf mit Wasser und einer guten Prise Salz aufsetzen. Den Quinoa gründlich waschen, 15 Min. kochen. Anschließend abgießen und abkühlen lassen.

Erbsen, Bohnen, Frühlingszwiebeln, Quinoa und das Dressing in einer Salatschüssel mischen, beiseitestellen und eine Stunde ziehen lassen.

Avocado-Orangen-Salat

400 g Rucola
200 g Chicorée
4 Avocados, entkernt, geschält, gewürfelt
3 Orangen, geschält, entkernt, gewürfelt
Saft 1 Orange
1 EL Apfelessig
1 EL Balsamicoessig
1 Handvoll frischer Rosmarin, fein gehackt
Salz, Pfeffer
etwas Olivenöl

Die Avocado- und Orangenwürfel in etwas Alufolie verpackt auf dem Grill für ca. 5 Minuten von allen Seiten leicht anbraten. Danach abkühlen lassen.

Das Öl mit dem Orangensaft, Essigsorten und Rosmarin zu einem Dressing vermengen. Mit Salz und Pfeffer abschmecken.

Alle Zutaten in einer großen Schüssel zu einem Salat vermischen.

Vegetarische Cevapcici für den Grill

Dauer: 50 Minuten

Portionen: Für vier Personen

Zutaten:
100g rote Linsen
500ml Gemüsebrühe
75g geräucherter Tofu
50g Fetakäse
2 Knoblauchzehen
½ Zwiebel
1 Zwiebel
2 Teelöffel edelsüßes Paprikapulver
1 Teelöffel Paprikapulver
½ Teelöffel Curry
1 Eier
60g Grieß
1 Prise Salz
1 Prise Pfeffer
1 Prise Zucker
1 Esslöffel Zitronensaft

So wird es gemacht:
Gemüsebrühe in einem Topf zum köcheln bringen und die Linsen darin aufkochen lassen. Anschließend abgießen und abtropfen lassen.
Tofu in Würfel schneiden. Fetakäse zerbröseln. Zwiebel schälen, waschen und fein hacken. Knoblauch schälen,

waschen und fein hacken. Chilischote waschen, längs halbieren und entkernen. Anschließend fein hacken. Linsen, Tofu, Chili, Fetakäse, Grieß, Ei, Knoblauch, Zwiebel, Zitronensaft und Gewürze in eine Schüssel geben und miteinander vermengen und für eine Stunde in den Kühlschrank geben und ziehen lassen. Die Hände leicht anfeuchten und aus der Masse kleine Röllchen formen. Die Röllchen anschließend für mindestens acht Minuten auf den Grill geben und dabei mehrmals wenden.

Bierdosenhähnchen

Zutaten:
1 Brathähnchen
1 Dose Bier (500 ml)
Hähnchengewürz
Rosmarin
2 Rosmarinzweige

Zubereitung:
Hähnchen gut reinigen
Hähnchen mit Gewürz und Rosmarin ausgiebig würzen
1/3 Bier in Tasse geben
Rosmarinzweige in Bierdosenöffnung stecken
Hähnchen vorsichtig auf Bierdose stülpen
mit dem restlichen Bier bepinseln
für ungefähr 1 Stunde auf den Kugelgrill geben

Barbecue Spareribs

Zutaten für 4 Personen
1,5-2 kg Spareribs (Schälrippchen)
2 l Gemüsebrühe
2 gespickte Zwiebeln
Je 1 EL Pfefferkörner, Wacholderbeeren und Senfkörner

Zudem noch
2-3 EL Olivenöl
1 Zwiebel
2-3 Knoblauchzehen, geschält und gewürfelt
1-2 Chilischoten
200 ml Tomatenketchup
3-4 EL Honig
3-4 EL Weißweinessig
1 EL gemahlenes Senfpulver
Einige Tropfen Pfeffersauce
Prise Salz und Pfeffer
Sellerieblätter, Blattpetersilie und Kirschtomaten zum Garnieren

Zubereitung:

Die Spareribs an den Rippen entlang in Stücke schneiden, abwaschen und trocknen.
Die Gemüsebrühe mit den gespickten Zwiebeln in einen Topf geben. Die Pfefferkörner, die

Wacholderbeeren und die Senfkörner dazugeben und alles zum Kochen bringen.
Die Spareribs in den Sud einlegen und bei mittlere Hitze 30-40 Minuten garen.
Das Olivenöl in einer Pfanne erhitzen. Die Zwiebel und den Knoblauch ins Fett geben und glasig schwitzen.
Die Chilischoten waschen, halbieren, entkernen in kleine Würfel schneiden und zu den Knoblauchzwiebeln geben und kurz mitschwitzen.
Den Tomatenketchup, den Honig und den Weißweinessig dazugeben, durchschwenken und in eine Schüssel geben.
Die Sauce mit Senfpulver und Pfeffersauce schärfen, mit Pfeffer und Salz würzen.
Die Spareribs mit der Marinade überziehen und auf dem Grill oder im auf 180-200 Grad vorgeheizten Backofen 20-20 Minuten garen. Während der Garzeit öfter mit der Marinade bestreichen.
Die Sellerieblätter und die Blattpetersilie waschen, trocken schütteln und auf Tellern anrichten.
Die Kirchtomaten dazugeben, die gegrillten Spareribs daraufleben, garnieren und mit der restlichen Marinade servieren.

Kräuterhähnchen mit Käse-Tomaten

Zutaten für 4 Personen:

2 küchenfertige Hähnchen
Salz und weißer Pfeffer
½ TL edelsüßes Paprikapulver
2 unbehandelte Zitronen
2 Bund Petersilie
50 g flüssige Butter

Für die Käse-Tomaten:

4 große Fleischtomaten
2 Kugeln Mozzarella á 125 g
Einige Basilikumblättchen
3 EL Olivenöl
Salz und weißer Pfeffer

Zubereitung:

Hähnchen mit kalten Wasser innen und außen waschen und trocknen. Innen und außen salzen, pfeffern und mit Paprikapulver einreiben. Zitronen waschen und vierteln.

Petersilie waschen und zusammen mit den Zitronenvierteln in das Innere der beiden Hähnchen stecken.
Schenkel und Flügel mit Küchengarn eng an den Körper binden und die Hähnchen auf Drehspieße stecken.
Rundherum mit der Butter bepinseln und während der Garzeit von etwa 1 Stunde öfter nachpinseln.
Hähnchen auf ein Fleischbrett legen und jeweils in 4 Portionsstücke teilen.
Tomaten waschen und in dünne Scheiben schneiden. Mozzarellakugeln halbieren und die Hälften in Scheiben schneiden. Basilikumblättchen säubern und grob zerschneiden.
Dann 4 gleich große Alufolienblätter auf eine Arbeitsfläche legen und mit Olivenöl bepinseln. Auf jedes Blatt eine Tomate in Scheiben abwechselnd mit Mozzarella schichten.
Jede Lage mit etwas Olivenöl beträufeln und mit Basilikum belegen. Etwas salzen und pfeffern. Die geschichteten Tomaten gut einpacken und für ca. 10 Minuten grillen.

Schweinekoteletts mit gegrillten Ananasvierteln

FÜR 4 PERSONEN
ZUBEREITUNGSZEIT: 10 MIN.
GRILLZEIT: 8 BIS 10 MIN.

FÜR DIE WÜRZMISCHUNG:
1 TL Oregano, fein gehackt
1 TL grobes Meersalz
¼ TL schwarzer Pfeffer
¼ TL Knoblauchpulver
¼ TL Zwiebelpulver

4 Schweinelendenkoteletts am Knochen, je etwa 230 g schwer und
2,5 cm dick, überschüssiges Fett entfernt
Olivenöl

4 Scheiben frische Ananas, je etwa 1,5 cm dick

Den Gasgrill für direkte mittlere Hitze (180–230 °C) erhitzen.
Die Zutaten für die Würzmischung in einer kleinen Schüssel
vermengen. Die Koteletts auf beiden Seiten mit Öl bestreichen und
gleichmäßig mit der Würzmischung bestreuen. Beiseitestellen und 30 Min. ziehen lassen.

Die Koteletts über direkter mittlerer Hitze bei geschlossenem
Deckel 8–10 Min. grillen, bis sie gar, aber innen noch leicht rosa sind,
dabei ein- bis zweimal wenden. Gleichzeitig die Ananasscheiben über
direkter mittlerer Hitze 4–6 Min. grillen, bis sie auf beiden Seiten Grillmuster
angenommen haben, dabei einmal wenden. Koteletts und Ananas vom Gasgrill nehmen, die Koteletts 5 Min. ruhen lassen.
Die Ananasscheiben vierteln und mit den Koteletts servieren.

Schaschlik - Grill – Sauce

Dauer: 10 Minuten

Portionen: Für acht Personen

Zutaten:
2 Flaschen Tomatenketchup
1 Flasche Sauce
4 Esslöffel Honig
1 Esslöffel gerebelter Majoran
1 Esslöffel getrockneter Rosmarin
1 Teelöffel mildes Currypulver
4 Esslöffel edelsüßes Paprikapulver
1 Teelöffel scharfes Paprikapulver
2 Paprikaschoten
1 Zwiebel
1 Prise Salz
1 Prise Pfeffer
1 Esslöffel Öl

So wird es gemacht:
Paprikaschote waschen, Strunk entfernen, längs halbieren, entkernen und in Würfel schneiden. Zwiebel schälen, waschen und in Würfel schneiden. Öl in einer Pfanne erhitzen und beides darin glasig andünsten. Nun nach und nach alle anderen Zutaten dazugeben und aufkochen lassen. Mit Salz und Pfeffer abschmecken und anschließend in ein Glas füllen und für mehrere Stunden kaltstellen. Kann kalt oder warm

serviert werden.

Gefüllte Hähnchenbrust

Zutaten:
4 Stück Hühnerbrust je ca. 150 Gramm
20 Scheiben Bacon
50 Gramm Mozerella
50 Gramm getrocknete Tomaten
4 Zweige Basilikumn
20 Gramm bunter Pfeffer
Salz

Zubereitung:
Als erstes den Mozzarella und trockneten Tomaten in kleine Würfel schneiden. Danach das Basilikum hacken und alles gründlich miteinander vermengen und leicht salzen.
Dann die Hühnerbrust waschen und trocken tupfen. Als nächstes muss eine Tasche in das Fleisch geschnitten werden in der später die Füllung hinzugefügt werden soll. Danach kann die Füllmasse aus Mozzarella eingeführt werden. Das ganze am Ende sauber mit Zahnstochern, Roulade-Nadeln oder einer Schnur verschließen. Dann kommt der Pfeffer zum Einsatz. Dieser dient zum panieren der Hühnerbrust und soll auf den glatten Flächen verteilt werden. Am Ende die Hühnerbrust noch mit 5 Bacon Streifen umwickeln.
Das Fleisch dann bei geschlossenen Deckel ca. 25 Minuten indirekt grillen. Danach die Hühnerbrust direkt über die Glut legen und von beiden Seiten den Bacon richtig schön kross grillen.

Sesamsteaks

Zutaten für 4 Personen
12 dünne Rindersteaks (á 60 g)
4 EL Sesamkörner
50 ml helles Sesamöl
2 TL geröstetes Sesamöl
3 Knoblauchzehen
½ Bund Frühlingszwiebeln
Etwas Sesamöl zum braten

Zubereitung:

Die Rindersteaks unter fließendem Wasser waschen, abtrocknen und bereitstellen.
Eine Pfanne erhitzen und die Sesamkörner darin ohne Zugabe von Fett kurz rösten. Die Sesamkörner in einen Mörser geben, zerreiben und die Rindersteaks mit der Hälfte der Körner einreiben.
Die andere Hälfte der Sesamkörner mit der Sojasauce, dem Sesamöl und dem gerösteten Sesamöl in einer Schüssel vermischen.
Die Knoblauchzehen schälen und klein hacken. Die Frühlingszwiebeln waschen, fein schneiden und mit dem Knoblauch unter die Marinade geben.
Die Marinade auf den Rindersteaks verteilen und für mindestens 2 Stunden in den Kühlschrank stellen.
Die Rindersteaks mit Sesamöl beträufeln und die Steaks auf dem Grill oder in einer Pfanne je nach Geschmack medium oder durchbraten.

Die Sesamsteaks anrichten und mit einem gemischtem Salat und Joghurtdressing servieren.

Gerillte Makrelen in Weinblättern

Zutaten für 4 Personen:

4 küchenfertige Makrelen (je 350-400 g)
Salz
grob gemahlener Pfeffer
4 Rosmarinzweige
4 Lorbeerblätter
8 Scheiben von unbehandelten Zitronen
100 g eingelegte Weinblätter
Etwas Küchengarn zum Binden

Zubereitung:

Makrelen abspülen, trocknen, an jeder Seite 2 Schnitte anbringen und mit etwas Salz und Pfeffer innen und außen einreiben. Je 1 Rosmarinzweig und 1 Lorbeerblatt in die Bauchöffnungen legen.
Zitronenscheiben halbieren, in jeden Einschnitt 1 halbe Scheibe stecken. Weinblätter kalt abspülen und abtropfen lassen. Je ein Viertel der Blätter überlappend nebeneinander legen, 1 Makrele darauf betten, in die Blätter einwickeln und mit Küchengarn zusammenbinden.
Makrelen auf dem Grill- oder unter dem Elektrogrill von jeder Seite 6 bis 7 Minuten braten. Dabei zwischen Rost und Glut bzw.

Grillstäben einen Abstand von etwa 25 cm lassen, damit die Blätter nicht verkohlen. Die fertigen Makrelen auf ein großes Brett legen, die Bindfäden lösen und die Fische in den Weinblättern servieren.

Schweinefilets mit feiner Gewürzmischung

FÜR 4 PERSONEN
ZUBEREITUNGSZEIT: 10 MIN.
GRILLZEIT: 15 BIS 20 MIN.

ZUTATEN FÜR DIE WÜRZMISCHUNG:
1 EL Chilipulver
1 EL dunkler Vollrohrzucker
1 TL gemahlene Kreuzkümmelsamen
¾ TL grobes Meersalz
¼ TL schwarzer Pfeffer
½ TL Knoblauchpulver

2 Schweinefilets, je 350–450 g, überschüssiges Fett und Silberhaut entfernt
1 EL frische Oreganoblätter, fein gehackt
Olivenöl

ZUBEHÖR:
DIGITALES FLEISCH-THERMOMETER

Zutaten für die Würzmischung in einer kleinen Schüssel gründlich vermengen. Die Filets rundherum mit Öl bestreichen und gleichmäßig mit der Würzmischung bestreuen. Beiseitestellen und 30 Min. ziehen lassen.

Den Gasgrill für direkte mittlere Hitze (180–230 °C) erhitzen.
Die Schweinefilets über direkter mittlerer Hitze bei geschlossenem Deckel 15 bis 20 Min. grillen, dabei etwa alle 5 Min. wenden, bis sie außen gleichmäßig gut gebräunt sind und im Inneren eine Kerntemperatur von 65 °C haben. Vom Gasgrill nehmen und 5 Min. ruhen lassen. Filets mit gehacktem Oregano bestreuen, in 1,5 cm dicke Scheiben schneiden und warm servieren.

Orientalischer Fruchtsalat

350 g Eisbergsalat
6 Orangen, geschält, entkernt
½ Wassermelone, geschält, entkernt
2 Granatäpfel, nur die Kerne
2 EL Olivenöl
Saft von 2 Zitronen

Alle Zutaten in einer großen Salatschüssel gut zu einem bunten Salat zusammen vermischen.

Wer möchte, kann auch noch etwas Joghurt darüber leeren.

Erdbeer-Käse-Salat

Spieße vom Grill

Dauer: 40 Minuten

Portionen: Für zwei Personen

Zutaten:

Für die Gewürzmischung:
2 Teelöffel Zwiebelpulver
2 Teelöffel Paprikapulver
1 Teelöffel Salz
1 Teelöffel Knoblauchpulver
1 Teelöffel getrockneter Thymian
½ Teelöffel Cayennepfeffer
1 Teelöffel gemahlener schwarzer Pfeffer
1 Teelöffel gemahlener weißer Pfeffer
½ Teelöffel Kreuzkümmel

Für die Spieße:
250g Rinderhackfleisch
1 Esslöffel Naturjoghurt
2 Teelöffel Gewürzmischung
4 Garnelen
2 Esslöffel Olivenöl
3 Esslöffel BBQ-Sauce
1 Paprika

So wird es gemacht:

Hackfleisch, Joghurt und Gewürzmischung in eine Schüssel geben und miteinander vermengen. Für eine Stunde in einen Kühlschrank zugedeckt ziehen lassen. Alle Zutaten für die Gewürzmischung in eine Schüssel geben und miteinander vermengen. Garnelen mit dieser Gewürzmischung vermengen und mit Olivenöl beträufeln und für 15 Minuten in den Kühlschrank geben. Paprika waschen, entkernen und in mundgerechte Stücke schneiden.

Hände anfeuchten und aus dem Hackfleisch vier gleichgroße Kugeln formen und diese abwechselnd mit Garnelen und Paprika aufspießen.

Von beiden Seiten auf dem Grill scharf anbraten. Anschließend mit BBQ-Sauce bestreichen. Bei geschlossenem Deckel für 25 Minuten ziehen lassen.

„cheesy" Partybrot

Zutaten:
5 Knoblauchzehen
10 g Petersilie
130 g geriebener Mozzarella
2 EL Olivenöl
3 EL Butter
1 Brot

Zubereitung:
Backofen vorheizen (190 °C)
Knoblauch schälen und mit Petersilie und Olivenöl vermengen
Butter schmelzen und mit Knoblauchöl aufkochen
Gitter in das Brot scheiden und mit Knoblauchbutter bestreichen
Mozzarella darüber geben
Brot unter Alufolie für 10 Minuten in den Ofen

Gefüllte Hähnchenbrust

Zutaten für 6 Portionen
Walnuss-Gremolata (siehe oben)
3 EL Doppelrahmfrischkäse
Prise Salz
Etwas Chiliflocken
3 Hähnchenbrustfilets (á ca. 150 g)
500 g rote Wassermelone
1 Bio-Zitrone
3 TL Zucker
3 EL Olivenöl
Prise Pfeffer
Nach Belieben 2 EL gehackte Petersilie

Zubereitung:

Walnuss-Gremolata und Frischkäse vermischen. Mit Salz und Chiliflocken nachwürzen.
In die Hähnchenbrustfilets waagerecht mit einem scharfen Messer eine Tasche schneiden. Mit der Walnussmasse füllen und danach mit den Holzspießen zustecken. Wassermelone in ca. 3 cm große Spalten schneiden und diese in 2 cm dicke Stücke schneiden. Die Zitrone halbieren, die Schnittflächen in den Zucker tunken.
Die Hähnchenbrustfilets mit Olivenöl bestreichen, etwas salzen und pfeffern. Wenn möglich zugedeckt auf den Grill legen und von jeder Seite 7-8 Minuten grillen.

Melonenstücke nach der Hälfte der Grillzeit auf den Grill legen. Pro Seite ca. 3 Minuten grillen. Zitrone mit der Schnittfläche nach unten kurz auf den Grill legen. Nach Belieben mit Petersilie bestreuen und anrichten.

Gegrillter Lachs mit Garnelencreme

Zutaten für 4 Personen:

4 Scheiben Lachsfilet ohne Haut á ca. 180 g
Salz und Pfeffer
Saft von 1 Zitrone
2 EL Aceto Balsamico
50 ml Olivenöl
½ Bund frische Kräuter (Petersilie, Basilikum, Kerbel)
2 Knoblauchzehen
100 ml trockener Weißwein

Für die Garnelencreme:

100 g geschälte Garnelen
Saft von ½ Zitrone
Etwas Worcestershiresauce
200 ml
einige Zweige Dill und Zitronenmelisse
1 kleine Zwiebel
1 kleine Gewürzgurke
3 Eigelbe
1 EL scharfer Senf
200 ml Olivenöl
Salz und Pfeffer

Zubereitung:

Lachsfilets waschen, trocknen, salzen und pfeffern und mit Zitronensaft und Aceto Balsamico beträufeln. Dann 4 große Stücke Alufolie auslegen und mit Olivenöl bepinseln.
Kräuter von den zupfen, waschen und trocknen. Knoblauch schälen und durch eine Presse drücken, mit den Kräutern vermischen. Je ein Stück Lachs auf ein Alufolienblatt legen.
Kräuter mit Weißwein und restlichen Olivenöl verrühren und über die Lachsscheiben träufeln. Lachspäckchen schließen, auf den vorgeheizten Grill legen und bei nicht zu starker Hitze in etwa 15 Minuten garen.
Für die Garnelen waschen und grob hacken. Mit Zitronensaft und Worcestershiresauce beträufeln. Kräuter zupfen, wasche und trocknen, Zwiebel schälen und hacken, die Gewürzgurke klein würfeln und alles beiseite stellen.
Eigelbe mit Senf verrühren und Olivenöl unter heftigem Schlagen in dünnem Strahl dazugießen. Sobald eine homogene Creme entstanden ist, Garnelen, Kräuter, Zwiebel und Gewürzgurke unterheben. Mit Salz und Pfeffer abschmecken.
Diese Delikatesse schmeckt besonders gut auf knusprig frischem Brot - das auch auf dem Grill in diesen optimalen Zustand gebracht werden kann.

Hähnchen Burger

FÜR 4 BIS 6 PERSONEN
ZUBEREITUNGSZEIT: 15 MIN.
GRILLZEIT: 8 BIS 12 MIN.

ZUTATEN FÜR DEN KRAUTSALAT:

4–6 Brötchen, aufgeschnitten
230 g geschnittene Weißkohl-, Rotkohl- und Möhrenstreifen
120 ml Grillsauce nach Wahl
4 EL Mayonnaise
1 TL brauner Zucker
1 EL Apfelessig

ZUTATEN FÜR DIE WÜRZMISCHUNG:

1 TL Paprikapulver
1 TL Knoblauchpulver
Salz und Pfeffer

4 Hähnchenbrustfilets, je etwa 180 g
Öl

Den Gasgrill für direkte mittlere Hitze (180–230 °C) erhitzen.

Für die Würzmischung Paprikapulver, Knoblauchpulver, 1 TL Salz und ½ TL Pfeffer in einer kleinen Schüssel vermischen.
Die Hähnchenbrustfilets auf beiden Seiten dünn mit Öl bestreichen und mit der Würzmischung bestreuen.

Für den Krautsalat Mayonnaise, Essig, Zucker, ¼ TL Salz und
1 kräftige Prise Pfeffer in einer großen Schüssel zu einem glatten
Dressing verrühren. Kohl und Möhrenstreifen in die Schüssel geben und mit dem Dressing vermischen.

Die Hähnchenbrustfilets mit der glatten Seite nach unten über direkter mittlerer Hitze bei geschlossenem Deckel 8–12 Min. grillen, bis das Fleisch sich auf Druck fest anfühlt und auch im Kern nicht mehr glasig ist, dabei ein- bis zweimal wenden. In den letzten 30–60 Sek. Die Brötchenhälften jeweils mit der Schnittfläche nach unten über direkter Hitze rösten. Hähnchen und Brötchen vom Gasgrill nehmen, das Fleisch 5 Min. ruhen lassen.

Hähnchenfleisch mit einer Gabel in kleine Stücke reißen und in einer zweiten großen Schüssel mit der Grillsauce vermischen. Fleisch und Krautsalat jeweils auf den Brötchenunterseiten anrichten, mit der anderen Hälfte abdecken und servieren.

Tofu-Auberginenrollen

4 Auberginen, an beiden Enden abgeschnitten
400 g Räuchertofu, sehr fein geschnitten
8 Tomaten, ohne Stielansatz, fein geschnitten
4 Möhren, ohne Stielansatz, geraspelt
½ Handvoll frischer Dill, fein gehackt
5 EL Öl
Salz und Pfeffer zum Abschmecken
20 - 30 Zahnstocher

Die Auberginen der Länge nach in dünne Scheiben schneiden (etwa 2 mm dick). Die Auberginenscheiben von beiden Seiten mit Öl bepinseln, salzen und pfeffern und auf dem heißen Grill von beiden Seiten für jeweils 5 Minuten braten. Sie müssen weich und vollständig durchgegart sein.

Währenddessen in einer Schüssel die restlichen Zutaten miteinander zu einer Füllung vermischen.

Die Auberginenstreifen vom Grill nehmen und auf der Arbeitsfläche mit einem Löffel mit der Füllung belegen. Zu einer Rolle formen und für besseren Halt mit Zahnstochern fixieren.

Hähnchensalat

FÜR 6 PERSONEN
ZUBEREITUNGSZEIT: 30 MIN.
MARINIERZEIT: ETWA 1 STD.
GRILLZEIT: 8 BIS 10 MIN.

ZUTATEN FÜR DAS DRESSING:

250 ml Mayonnaise
6 EL Dijon-Senf
4 EL Honig
2 EL frisch gepresster Zitronensaft
½ kleine rote Zwiebel, fein gewürfelt
Salz und Pfeffer

ZUTATEN FÜR DEN SALAT:

3 Romanasalatherzen, fein geschnitten
300 g Kirschtomaten, geviertelt
2 große Avocados, das Fruchtfleisch gewürfelt
3 hart gekochte Eier, geviertelt

ZUTATEN FÜR DIE MARINADE:

2 EL Olivenöl
2 EL frische Rosmarinnadeln, fein gehackt
1 EL frisch gepresster Zitronensaft
1 EL Knoblauchzehen, zerdrückt und fein gehackt

1½ TL grobes Meersalz
¼ TL schwarzer Pfeffer

500 g ausgelöste Hähnchenoberschenkel ohne Haut

Die Zutaten für die Marinade in einer kleinen Schüssel verrühren. Das Hähnchenfleisch in einen großen, wiederverschließbaren Plastikbeutel geben und die Marinade dazugießen. Die Luft aus dem Beutel streichen und den Beutel fest verschließen. Den Beutel mehrmals wenden, um die Marinade gleichmäßig zu verteilen. Etwa 1 Std. kalt stellen.

Den Gasgrill für direkte mittlere Hitze (180–230 °C) erhitzen.

Hähnchenschenkel aus der Marinade nehmen (Marinade weggießen) und mit der glatten Seite nach unten über direkter mittlerer Hitze bei geschlossenem Deckel 8–10 Min. grillen, bis das Fleisch fest ist und beim Einstechen klarer Fleischsaft austritt, dabei ein- bis zweimal wenden. Vom Gasgrill nehmen und 5 Min. ruhen lassen. Hähnchenfleisch in mundgerechte Stücke schneiden.

Die Zutaten für das Dressing in einer kleinen Schüssel verschlagen.
Mit Salz und Pfeffer abschmecken.

Hähnchen, Romanasalat, Avocados, Zwiebeln, Tomaten und Eier in einer Schüssel sanft vermengen und auf Tellern anrichten, Dressing darüberlöffeln und sofort servieren.

Räuchertofuspieße

3 Paprikaschoten, ohne Stielansatz, entkernt, ohne Venen, in dickere Stücke geschnitten
3 Zucchini, ohne Stielansatz, in dickere Scheiben geschnitten
550 g Räuchertofu, in dickere Würfel geschnitten
2 Knoblauchzehen, gepresst
Saft von 2 Zitronen
5 EL Olivenöl
3 TL Paprikapulver
3 TL italienische Kräuter
Salz und Pfeffer zum Abschmecken
etwas Pflanzenöl
12 Grillspieße

Den Zitronensaft mit dem Olivenöl verrühren, den Knoblauch dazugeben und mit dem Paprikapulver, den Kräutern der Provence und etwas Salz und Pfeffer vermischen. In der Marinade die Paprikaschoten und Zucchini für ca. 2 bis 3 Stunden ziehen lassen.
Nun die Paprika-, Tofu- und Zucchinistücke abwechselnd auf Spieße stecken, und auf den Grill legen. Für ca. 10 Minuten von allen Seiten gut durchgaren.

Hackspieße vom Grill

Dauer: 45 Minuten

Portionen: Für sechs Personen

Zutaten:
1000g Hackfleisch
4 Esslöffel Tomatenmark
2 Zwiebeln
4 Knoblauchzehen
1 Esslöffel Salz
1 Prise frisch gemahlener Pfeffer
1 Prise Cayennepfeffer
1 Prise Kreuzkümmel
1 Prise rosenscharfes Paprikapulver
1 Prise gehacktes Basilikum
1 Teelöffel edelsüßes Paprikapulver
1 Esslöffel Olivenöl

So wird es gemacht:
Zwiebel schälen, waschen und fein hacken. Öl in einer Pfanne erhitzen und die Zwiebeln in einer Pfanne glasig andünsten. Knoblauch schälen, waschen und ebenfalls fein hacken. Nun alle Zutaten in eine Schüssel geben und zu einer homogenen Masse verarbeiten. Für eine Stunde in den Kühlschrank geben und gut durchziehen lassen.
Die Hände leicht anfeuchten und aus der Masse kleine Kugeln formen und diese aufspießen.

Spieße für 15 Minuten auf dem Grill lassen.

Hot Mango Chutney

Zutaten:
1 Mango
1 Chili
1 Ingwer
1 Limette
1 Schalotet
1 Limette
20 ml Passionsfrucht- oder Mangoessig
Honig
etwas Minze

Zubereitung:
Mango und Ingwer schälen und zerkleinern
Schalotten in Würfel schneiden und leicht anbraten
Ingwer und Mango beigeben
Passionsfruchtessig und Limettensaft hinzufügen
Chili und Minze zerkleinern und ebenfalls beifügen
das ganze mit etwas Honig verfeinern

Gegrillter Lachs

Zutaten für 4 Personen
8 küchenfertige Lachssteaks mit Haut (a 100 g)
Saft von 1 Zitrone
Einige Tropfen Worcestersauce
Prise Salz und Pfeffer
4-6 EL Rapsöl
Gehackter Fenchel
Limettenspalten und Dillzweigen zum garnieren

Zubereitung:

Die Lachssteaks unter dem Wasser abspülen, trocken tupfen und mit Zitronensaft und Worcestersauce beträufeln.
Die Lachssteaks mit Salz und Pfeffer würzen und im Kühlschrank für 10 – 15 Minuten ziehen lassen.
Anschließend die Lachssteaks mit Rapsöl bestreichen und auf dem Grill garen.
Die Lachssteaks vom Grill nehmen und auf Tellern anrichten.
Die Lachssteaks mit dem gehackten Fenchel, Limettenspalten und Dillzweigen garnieren.

Champignonspieße

Zutaten für 4 Personen:

24 kleine Champignons (ca. 500 g)
3 Knoblauchzehen
4 EL Olivenöl
6 EL Sherry medium oder Honig
1 EL Weißweinessig
1 Bund glatte Petersilie
5 Zweige Thymian
Salz und schwarzer Pfeffer

Zubereitung:

Champignons säubern und trocknen. Knoblauch schälen und in dünne Scheiben schneiden. Mit Öl, Sherry und Essig in einer kleinen Schüssel vermischen.
Petersilie, Thymian waschen, trocken schütteln, Blätter abzupfen und fein hacken. Beides mit je ½ TL Salz und Pfeffer in die Marinade geben. Champignons mit der Marinade vermengen.
Schüssel abdecken und mindestens für 4 Stunden in den Kühlschrank stellen. Dabei ab und zu umrühren.
Champignons aus der Marinade nehmen und je nach Größe ca. 4 Champignons Stücke pro Spieß stecken. Die restliche Marinade in Schlüsselchen geben. Dazu eignet sich als Beilage Aioli.

tre

FÜR 4 PERSONEN
VORBEREITUNGSZEIT: 30 MIN.
ZUBEREITUNGSZEIT: 30 MIN.
GRILLZEIT: 10 MIN.

500g Hackfleisch vom Reh
4 Burgerbrötchen
4 Scheiben Bergkäse (ca. 100g)
1 Schalotte
1 TL scharfer Senf
2 EL Semmelbrösel
3 EL Pflanzenöl
4 EL Crème fraîche
1 EL Preiselbeeren (Glas)
2 Handvoll Basilikum
1 Ei
Piment, gemahlen
Salz und Pfeffer

Das Hackfleisch in eine Schüssel geben. Die Schalotte schälen und fein würfeln.Mit Senf, Ei und den Semmelbröseln unter das Hackfleisch mischen und gut verkneten. Mit Salz, Piment und Pfeffer würzen und aus der Masse vier flache Frikadellen formen.

Den Gasgrill für direkte mittlere Hitze (180–230 °C) erhitzen.

Die Frikadellen über direkter mittlerer Hitze bei geschlossenem Deckel 4–5 Min. grillen, bis sie außen ein leichtes Grillmuster angenommen haben und durch sind, dabei gelegentlich wenden.

In der letzten Minute die Baguettes mit der Schnittfläche nach
unten über direkter Hitze rösten. Beides vom Gasgrill nehmen und warm beiseitestellen.

Die Crème fraîche mit den Preiselbeeren verrühren. Die Kräuter abbrausen, trocken schütteln, die Blättchen abzupfen und diese grob schneiden. Die Frikadellen mit dem Käse belegen und in weiteren 5 Min. grillen. Vom Gasgrill nehmen.

Die Creme auf die Brötchenunterseiten streichen, mit den Kräutern bestreuen und die Käse-Frikadellen daraufsetzen. Die Brötchendeckel auflegen und servieren.

Paprika-Maiskolben-Spieße

6 Maiskolben, in dicke Scheiben geschnitten
2 Paprikaschoten, ohne Stielansatz, entkernt, ohne Venen, in dickere Stücke geschnitten
3 Knoblauchzehen, gepresst
12 EL Olivenöl
Salz zum Abschmecken
12 Grillspieße

Eine Marinade aus dem Öl, dem Knoblauch und dem Salz herstellen. Den Mais und den Paprika damit bepinseln.

Alle Zutaten abwechselnd auf die Spieße stecken. Nun auf dem Grill von allen Seiten für ca. 10 Minuten anbraten.

Ganzer Fisch vom Grill

Dauer: 70 Minuten

Portionen: Für vier Personen

Zutaten:
1 Fisch
2 Scheiben Zitrone
1 Handvoll frische Kräuter
1 Knoblauchzehe
2 Esslöffel Olivenöl
1 Prise Salz
1 Prise Pfeffer
1 Prise Fischgewürz

So wird es gemacht:
Knoblauch schälen, waschen und grob hacken. Kräuter waschen, abtropfen lassen und fein hacken. Beides in eine Schüssel geben und mit dem Olivenöl beträufeln und vermengen.
Zitronenscheiben halbieren.
Fisch von innen und außen mit Salz, Pfeffer und Fischgewürz abschmecken. Olivenmasse in den Fisch geben und auch die Zitronenscheiben hinzufügen. Mit einem Zahnstocher befestigen.

Für 40 Minuten auf dem Grill anbraten.
Köfte-Spieße (Türkei)

Zutaten:
500 g Rinderhack
circa 2 Knoblauchzehen
1 Zwiebel
etwas Kreuzkümmel
etwas Paprikapulver
100 g Joghurt
½ Petersilie
etwas Minze
1 EL Zitronensaft
Salz Pfeffer

Zubereitung:
Knoblauch und Minzblätter zerkleinern
Joghurtsauce aus Zitronensaft, Minze und Joghurt anfertigen
salzen und pfeffern
Zwiebel, Knoblauch und Petersilie zerkleinern
Fleisch beifügen und vermengen
gleich große Portionen formen
auf Spieße verteilen
ein paar Minuten auf den Grill geben
gelegentlich wenden

mit Joghurtsauce anrichten

Vegetarische Grillplatte

Zutaten für 4 Personen
2 Packungen Halloumi-Grillkäse (500 g)
2 EL Olivenöl

Für die Pilze
8 Riesenchampignons
1 EL Zitronensaft
1 EL Olivenöl
Prise Salz

Für die Füllung
125 g Mozzarella
2 Tomaten
2 EL Pesto (Fertigprodukt)
8 Basilikumblätter

Für die Spieße
Je 1 rote, gelbe und grüne Paprikaschote
1 Zucchini
100 g Schalotten
2-3 EL Olivenöl
Prise Salz und Pfeffer

Für die Marinade
50 ml Olivenöl

Einige Zweige Thymian und Oregano
Einige Salbeiblätter

Zubereitung:

Den Halloumi längs teilen, mit Olivenöl bestreichen, auf dem Grill garen und öfters wenden.
Die Riesenchampignons waschen und die Stiele entfernen.
Den Zitronensaft mit Olivenöl vermischen und die Champignons darin wälzen, salzen und zuerst auf der Hutunterseite auf dem Grill garen.
Den Mozzarella und die Tomaten klein würfeln und in eine Schüssel geben.
Die Champignons mit der Tomaten-Mozzarella-Mischung füllen und mit Basilikum belegen und fertig grillen.
Die Paprikaschoten waschen, halbieren, entkernen und Stücke schneiden (Spieße)
Die Zucchini waschen und in Scheiben schneiden. Die Schalotten schälen und halbieren.
Das Olivenöl in einer Pfanne erhitzen. Das Gemüse darin 5 Minuten braten, auf die Spieße stecken und mit Salz und Pfeffer würzen.
Für die Marinade das Olivenöl erwärmen und die Kräuter dazugeben. Die Gemüsespieße mit den Kräuter Öl bestreichen, in der Marinade durchziehen lassen und auf dem Grill garen.
Die Spieße mit dem Grillkäse und den gefüllten Champignons anrichten und servieren.

Gegrillte Pfirsiche (Vegan)

Zutaten für 4 Personen:

1 Dose gezuckerte Pfirsiche
Etwas Veganer Parmesan
Kräuter nach Belieben

Zubereitung:

Die Pfirsiche abschütten und halbieren. In einer Grillschale verteilen mit Parmesan und frischen Kräutern bestreuen.
Neben der Hitze garen, bis die gewünschte Konsistenz erreicht ist.

Gemischter Calamari Salat

FÜR 4 BIS 6 PERSONEN
ZUBEREITUNGSZEIT: 20 MIN.
GRILLZEIT: 2 BIS 4 MIN.

ZUTATEN FÜR DIE VINAIGRETTE:

1 Dose Kichererbsen, abgespült
4 EL frisch gepresster Orangensaft
2 EL Weißweinessig
2 mittelgroße Chilischoten, längs halbiert, Trennhäute und Samen entfernt, fein gehackt
1 EL fein abgeriebene Schale von 1 Bio-Orange
150 g kleine Datteltomaten, längs halbiert
1 Schalotte, in feine Ringe geschnitten
1 TL Paprikapulver
Olivenöl
Meersalz

700 g kleine Kalmare, küchenfertig vorbereitet, in Körperbeutel und
Fangarme zerteilt, trockengetupft
3 EL frische Minzeblätter, grob gehackt
schwarzer Pfeffer
Orangenschale und -saft, Paprikapulver, Essig, und 2 TL Salz untermixen. Bei laufendem Motor 60 ml Öl in dünnem Strahl zugießen und weitermixen, bis es zu einer Emulsion bindet.

Den Gasgrill für direkte starke Hitze (230–290 °C) erhitzen.

Datteltomaten, Kichererbsen und Schalottenringe in einer großen Schüssel vermengen und mit 4 EL Vinaigrette anmachen und beiseitestellen.

Die Körperbeutel mit ihrer Spitze nach oben legen und außen mehrmals einschneiden. Dafür eine entsprechend breite Messerklinge in den Beutel stecken und mit einem zweiten Messer auf der Oberseite horizontale Einschnitte im Abstand von etwa 1 cm machen. Die Messerklinge im Inneren der Tube verhindert, dass sie zerteilt wird. Eingeschnittene Tuben mit den Fangarmen in eine Schüssel geben, 2 EL Öl, 1 TL Salz und den Pfeffer zufügen und gründlich vermischen.

Kalmare über direkter starker Hitze bei geschlossenem Deckel 2–4 Min. grillen, bis sie gar sind und nicht mehr glasig aussehen, dabei einmal wenden. Vom Gasgrill nehmen und die Tuben in etwa 1 cm breite Ringe schneiden. Calamariringe und Fangarme zum Salat geben, die restliche Vinaigrette darüberträufeln und alles behutsam vermischen. Den Salat mit Minze bestreuen und sofort servieren.

Fenchel mit Roquefortfüllung

6 große, bauchige Fenchelknollen, halbiert
350 g Roquefort, mit einer Gabel fein zerdrückt
6 Orangen, geschält, entkernt, fein gewürfelt
2 Zwiebeln, fein gehackt
½ Handvoll frischer Schnittlauch, fein gehackt
Salz und Pfeffer zum Abschmecken
etwas Öl
In einer Schüssel alle Zutaten, bis auf den Fenchel zu einer feinen Masse zerdrücken.
Nun die Füllung vorsichtig mit einem Löffel über die Fenchelhälften türmen.
Am Grill in etwas Alufolie von allen Seiten für ca. 15 bis 20 Minuten grillen. Der Käse sollte gut geschmolzen sein.
Käse
Auch Käse lässt sich super und sehr einfach grillen! Die am besten geeigneten Sorten sind Feta, Blauschimmelkäse und Halloumi. Dazu passt entweder Gemüse oder – wer es exotischer haben möchte – die verschiedenen, süßen Fruchtsorten, wie Mangos oder Melonen.

Grill-Marinade – Andere Variante

Dauer: 10 Minuten

Portionen: Für vier Personen

Zutaten:
10 Esslöffel Öl
4 Teelöffel rote Currypaste
2 Esslöffel scharfer Senf
1 Esslöffeln Honig
4 Esslöffel indonesische Sojasauce
4 Esslöffel Teriyaki Sauce
1 Zitrone, Saft
1 Prise Pfeffer
1 Prise getrockneter Rosmarin
1 Prise getrockneter Thymian
1 Prise Knoblauchpulver

So wird es gemacht:
Alle Zutaten in einen Mixer geben und zu einer homogenen Marinade verarbeiten. Die Marinade in ein Glas füllen und für mehrere Stunden kühl lagern. Die Marinade kann sowohl kalt als auch warm genossen werden.

96. Marinade für (Grill-)Fisch

Dauer: 10 Minuten

Portionen: Für vier Personen

Zutaten:
2 Limetten, Saft und Abrieb
6 Esslöffel Sojasauce
5 Kaffir Limettenblätter, fein gehackt und den Strunk entfernt
4 gepresste Knoblauchzehen
150ml Wasser
1 Esslöffel Olivenöl
4 Fischfilets

So wird es gemacht:
Alle Zutaten, bis auf den Fisch, in eine Schüssel geben und zu einer Marinade verarbeiten.
Den Fisch waschen, trocken tupfen, in die Marinade geben und für eine Stunde im Kühlschrank ziehen lassen.
Anschließend auf dem Grill von beiden Seiten anbraten.

Paprika- Tomaten-Salsa (Kuba)

Zutaten:
1 Paprikaschote (rot)
1 Zwiebel
1 Knoblauchzehe
2 Frühlingszwiebel
300 ml Tomaten (passiert)
100 ml Gemüsebrühe
Olivenöl
Oregano
Zucker
Salz

Zubereitung:
Paprika, Knoblauch und Zwiebel waschen, schälen und in Würfel schneiden
Frühlingszwiebel zerkleinern
Olivenöl erwärmen
Zwiebel und Knoblauch beifügen und kurz dünsten
Paprika und Frühlingszwiebel beifügen und leicht anbräunen
Oregano zerkleinern
Kreuzkümmel, Oregano, Tomaten und Zucker in Gemüsebrühe geben einkochen
gelegentlich umrühren
salzen und pfeffern
anrichten
Rest in Behältnis füllen und aufbewahren

Gegrillte Austernpilze mit Kräuterbutter

Zutaten für 4 Portionen
400 g Austernpilze
2 EL Bratöl
Prise Salz und Pfeffer
1 x Grillschale

Für die Kräuterbutter:
25 g Pinienkerne
20 g gemischte Kräuter (z.B. Thymian oder Majoran)
1 Bio-Zitrone
1 Knoblauchzehe
125 g weiche Butter
Prise Salz

Zubereitung:

Für die Kräuterbutter Pinienkerne in einer Pfanne ohne Zugabe von Fett hellbraun rösten und grob hacken. Kräuter waschen und trocken schütteln, die Blättchen abzupfen und fein hacken.
Zitrone heiß abwaschen, trocknen und 1 TL Schale abreiben. Knoblauch schälen. Butter mit dem Handrührer schaumig rühren. Knoblauch dazupressen und mit Kräutern, Pinienkerne und Schalenabrieb unterrühren.

Mit Salz abschmecken. In eine Frischhaltefolie geben, zu einer Rolle á ca. 4 cm Durchmesser rollen und kühl stellen.
Die Austernpilze säubern, mit Öl einpinseln und mit Salz und Pfeffer würzen.
Pilze in die Grillschale geben und von jeder Seite ca. 4 Minuten bei hoher Hitze grillen.
Die Kräuterbutter in Scheiben schneiden und über die Pilze geben und sofort servieren.

Zucchini-Sandwich mit Gruyère

FÜR 8 PERSONEN
ZUBEREITUNGSZEIT: 10 MIN.
VORBEREITUNGSZEIT: 25 MIN.

480 g Gruyère, in 8 Scheiben geschnitten
16 Sandwich Toastscheiben
20 EL Olivenöl
4 Bund Basilikum
4 Knoblauchzehe
4 TL Paprikapulver
4 Zucchini
Salz

ZUBEHÖR:
STANDMIXER

Basilikum waschen und Blätter von den Stängeln zupfen. Knoblauchzehe schälen und grob hacken. Beides mit Paprikapulver im Standmixer zerkleinern. 3 EL Olivenöl hinzufügen und cremig pürieren. Mit Salz würzen und beiseitestellen.
Den Gasgrill für direkte mittlere Hitze (180–230 °C) erhitzen.
Zucchini waschen und längs in 4 Streifen schneiden. Mit 1 EL Olivenöl einstreichen. Die Zuchinistrefen über direkter mittlerer Hitze bei geschlossenem Deckel 4–6

Min. grillen, bis sie ein leichtes Grillmuster angenommen haben, dabei einmal wenden. In den letzten 30–60 Sek. die Toastscheiben jeweils mit der Schnittfläche nach unten über direkter Hitze rösten. Beides vom Gasgrill nehmen und Zucchinischeiben der Breite nach halbieren.

Acht Toastscheiben jeweils mit Basilikumcreme bestreichen und mit Gruyère und gegrillten Zuchinistreifen belegen, mit restlichen Toastscheiben bedecken und Ober-sowie Unterseite des Sandwiches mit restlichem Olivenöl einstreichen.

Die Sandwiche über direkter mittlerer Hitze bei geschlossenem Deckel für 4 Min. leicht rösten, bis sie knusprig sind und der Käse geschmolzen ist. Vom Gasgrill nemen und warm servieren.

Süßkartoffeln

12 Süßkartoffeln, geschält, in feine Scheiben geschnitten
3 Zwiebeln, fein gehackt
3 Knoblauchzehen, gepresst
3 EL Ingwer, gemahlen
3 EL Kardamom, gemahlen
1 Handvoll frischer Koriander, fein gehackt
300 g Butter
Salz und Pfeffer zum Abschmecken

In einem Topf die Zwiebeln, die Knoblauchzehen und die Gewürze in etwas Butter für ca. 10 Minuten köcheln lassen. Mit Salz und Pfeffer abschmecken.

In etwas Alufolie jeweils 3 - 4 Scheiben Süßkartoffeln geben, dann die Soße darauf geben und mit Koriander bestreuen. Die Folie gut schließen und für ca. 15 Minuten von allen Seiten gut im Grill durchgaren.

Gegrillte Sardinen (Italien)

Zutaten:
14 Sardinen
200 ml Olivenöl
2 Knoblauchzehen
1 Zitrone
90g Kräuterbutte
12 Zweige Rosmarin
2 EL Thymian
12 Blätter Basilikum
Pfeffer
Salz
Paprikapulver

Zubereitung:
Zu Beginn die Sardinen gründlich waschen und trocken tupfen.
Danach optional die Köpfe der Sardinen entfernen.
Danach die Sardinen auf ein Platte legen und mit Olivenöl und etwas Zitronensaft begießen.
Als nächstes mit frisch gemahlenem schwarzen Pfeffer, Thymian und Paprikapulver würzen.
Nun die Knoblauchzehen häuten, in Scheiben schneiden und mit jeweils einem kleinen Rosmarinzweig auf die Fische legen. Die Platte dann mit Alufolie abdecken und für ca. eine Stunde im Kühlschrank ruhen lassen.

In der Zwischenzeit kann der Holzkohlegrill schon einmal angefeuert werden. Die Sardinen dann aus der Form nehmen und mit jeweils einer kleinen Scheibe Kräuterbutter und einem Basilikumblatt befüllen. Den Fisch mit etwas Salz würzen und auf dem Grill unter behutsamen Wenden schön knusprig braten.

Das Ganze dann mit Zitronenspalten, Aioli, Baguette oder Salat servieren.

Maissalat

Zutaten für 4 Personen
2 Eier, hartgekocht
400 g Porree (Lauch)
1 Dose Gemüsemais (425 ml)
3 Äpfel
Etwas Zitronensaft
100 g Salatcreme (40%)
4 EL Milch
Prise Salz und Pfeffer
Prise Zucker
1 EL Obstessig

Zubereitung:

Die Eier pellen und in Scheiben schneiden. Den Porree waschen und in feine Ringe schneiden. Den Mais durch ein Sieb abtropfen lassen.
Die Äpfel waschen, vierteln, entkernen und in Spalten schneiden und mit Zitronensaft beträufeln. Mais, Porree, Eier und Äpfel miteinander vermischen. Die Salatcreme und Milch glatt rühren.
Mit Essig, Zucker, Salz und Essig abschmecken und über den Salat geben, gut umrühren und servieren.

Gegrillter Zucchinisalat

FÜR 6 BIS 8 PERSONEN
ZUBEREITUNGSZEIT: 5 MIN.
VORBEREITUNGSZEIT: 15 MIN.

8 kleine Zucchini
4 Knoblauchzehe
4 rote Chili
12 EL Olivenöl
8 EL gehackte Minze
8 EL Rotweinessig
Salz und Pfeffer

Den Gasgrill für direkte mittlere Hitze (180–230 °C) erhitzen.
Zucchini in Scheiben schneiden. Knoblauch schälen und hacken. Chili halbieren, entkernen und fein hacken.
Zucchinischeiben gleichmäßig mit 1 EL Olivenöl bestreichen. Die Zucchinischeiben über direkter mittlerer Hitze bei geschlossenem Deckel 6–8 Min. grillen, bis sie außen ein leichtes Grillmuster angenommen haben und weich sind, dabei gelegentlich wenden.
Für das Dressing Knoblauch, Chili, Minze, Rotweinessig und restliches Olivenöl in einer großen Schüssel verrühren. Gegrillte Zucchini hinzufügen und

vermengen, mit Salz und Pfeffer abschmecken und nach Belieben mit geröstetem Brot servieren.

Vegane Burger mit Avocado-Mango-Topping

FÜR 6 PERSONEN
ZUBEREITUNGSZEIT: 10 MIN.
VORBEREITUNGSZEIT: 15 MIN.

ZUTATEN FÜR DAS AVOCADO-MANGO-TOPPING:

1 Mango, in Würfel geschnitten
1 Avocado, in Würfel geschnitten
½ rote Zwiebel, fein gewürfelt
½ Bund Koriander, gehackt
½ TL Limettensaft
Salz und Pfeffer

ZUTATEN FÜR DIE BURGER:

80 g rote Linsen, gewaschen und abgeseiht
450 g Kichererbsen, abgeseiht
20 g Haferkleie
2 Knoblauchzehen, fein gehackt
1 Jalapeño, entkernt und fein gehackt
½ rote Zwiebel, fein gehackt
1 TL Kurkuma
1 TL Chilipulver
1 TL Meersalz
½ Bund Koriander

1 rote Paprika, fein gewürfelt
1 Möhre, in feinen Streifen geschnitten

6 große rote Zwiebelscheiben, je etwa 0,5 cm dick
6 große Salatblätter
6 Burgerbrötchen

ZUBEHÖR:
STANDMIXER

Alle Zutaten für das Topping in einer Schüssel vermengen. Mit Salz und Pfeffer abschmecken und kalt stellen.

Linsen in einem Topf mit 350 ml Wasser zum Kochen bringen. Hitze reduzieren und 10-15 Min. köcheln lassen, bis die Linsen die Flüssigkeit aufgenommen haben und weichgekocht sind. Anschließend abseihen. Die Linsen zusammen mit den Kichererbsen, Koriander, Knoblauch, Meersalz, Kurkuma und Chilipulver in einen Mixer geben und pürieren.

Das Püree in eine Schüssel geben und mit den Zwiebeln, der Jalapeño, Möhre und Paprika vermischen. Nach und nach jeweils eine kleine Menge Haferkleie mit einer Gabel untermischen, bis die Masse eine leicht klebrige und nicht zu matschige Konsistenz hat, so dass sich Burger-Patties daraus formen lassen.

Die Masse in sechs gleich große Portionen aufteilen und in gleich große Patties Formen. Die Patties mit Salz und Pfeffer würzen.

Den Gasgrill für direkte mittlere Hitze (180–230 °C) erhitzen.

Burger und Zwiebelscheiben über direkter mittlerer Hitze bei geschlossenem Deckel 3-4 Min. grillen, dabei beide Zutaten einmal wenden. Gleichzeitig die Brötchen mit den Schnittflächen nach unten auf den Gasgrill geben und über direkter Hitze leicht rösten.

Die unteren Brötchenhälften jeweils mit je einem Salatblatt, Zwiebelscheiben und Patties belegen, mit Avocado-Mango-Topping garnieren. Die oberen Brötchenhälften daraufsetzen und warm servieren.

Gegrillte Marshmallows

24 Marshmallows
1 Mango, geschält, entkernt, in dicke Würfel geschnitten
12 Spieße
Die Marshmallows sind der süße Grillklassiker schlechthin! Dafür jeweils zwei bis drei Marshmallows mit einem bis zwei Mangowürfel auf einen Spieß stecken.
Ganz kurz über den Grill halten, bis sich die Marshmallows etwas bräunen.

Donut-Eis-Sandwich

FÜR 4 PERSONEN
ZUBEREITUNGSZEIT: 10 MIN.
VORBEREITUNGSZEIT: 10 MIN.

4 Donuts
100 ml Schlagsahne
8 Kugeln Vanilleeis
4 TL Schokoladensauce
4 TL Schoko-Streusel
8 Himbeeren
8 Erdbeeren

Den Gasgrill für direkte mittlere Hitze (180–230 °C) erhitzen.

Donuts längs aufschneiden und pro Seite ca. 2 Min. grillen. Vom Gasgrill nehmen und kurz auskühlen lassen.

Sahne steif schlagen. Eiskugeln auf die unteren Donut-Hälften verteilen. Schokoladensauce darüber verteilen und mit den anderen Hälften bedecken.

Jedes Donut-Eis-Sandwich mit einem Klecks Sahne toppen. Mit Himbeeren und Schoko-Streuseln garnieren. Erdbeeren in Stücke schneiden oder im Ganzen dazu servieren.

Polenta vom Grill mit Tomate am Spieß

Warum nicht mal in die Experimentierkiste greifen und ein wenig Variation auf den Grill zaubern? Dazu bieten sich unsere Polenta-Spieße hervorragend an. Sie sind saftig. Sie sind schmackhaft. Sie schmecken auch mit Garnelen.

Zutaten für 2 Portionen:
50 g Gemüsezwiebeln
50 g Aubergine
2 getrocknete Tomaten
1/2 Stängel Salbei
1 EL Olivenöl
Salz, Pfeffer zum Abschmecken
100 g Polenta
35 g italienischen Hartkäse
25 g Schlagsahne
175 g Kirschtomaten

Zubereitung:
Wir würfeln die Zwiebeln, die Aubergine und auch die getrockneten Tomaten. Den Salbei schneiden wir in ganz feine Streifen. Alles gemeinsam mit dem Olivenöl in der Pfanne anbraten, bis die Aubergine-Stückchen schön goldbraun sind. Mit Salz und Pfeffer abschmecken. Die Polenta kann während dessen ebenfalls gekocht werden. Den Käse und die

Schlagsahne einrühren und das gebratene Gemüse unterheben. Jetzt gehts ans Aufspießen. Wir formen Polenta-Kugeln und spießen sie, im Wechsel mit den Kirschtomaten auf. Dann auf eine Grillschale legen und für etwa 2 Minuten je Seite goldbraun grillen lassen.

Knackiger Orangen Gurken Salat mit Garnelen

4 Portionen

Zutaten:

350 g große Garnelen ohne Darm
400 g Gurke
2 kleine Römersalatherzen
2 Orangen
1 Limette
2 EL Estragon getrocknet
3 EL Olivenöl
1 TL Koriander gemahlen
Pfeffer, Salz

Zubereitung:

Die Limetten auspressen. Orangen schälen, eine davon in Scheiben schneiden. Die andere auspressen.
Mit einem Löffel die geschälte und halbierte Gurke entkernen und in feine Scheiben hobeln. Den gewaschenen Römersalat in mundgerechte Stücke zupfen. In eine Schüssel die Gurken mit Salat, Orangenscheiben und dem Estragon geben. Den Pfeffer und Salz zu 3 EL Orangensaft und 1 EL Limettensaft

geben und mit dem Olivenöl vermengen. Die Küchenfertige Garnelen mit Pfeffer und Koriander bestreuen und auf den vorgeheizten Grill 45 Sekunden von beiden Seiten grillen und salzen. Das Dressing mit dem Salat mischen, mit den Garnelen garnieren und servieren.

Schweinefilets mit Chilikruste

Zutaten für 4 Portionen:
- 2 Schweinefilets à 350 - 450 g
- 1 EL Rohrzucker, dunkel
- 1 EL Chilipulver
- 1 TL Kümmel
- 3/4 TL Meersalz, grob
- 1/2 TL Knoblauchpulver
- 1/4 TL Pfeffer, schwarzer
- 2 TL Olivenöl
- 1 EL Oregano (Oreganoblätter), frisch, fein gehackt

Zubereitung:

Vom Filet die Silberhaut und das überschüssige Fett sorgfälltig entfernen. Die Zutaten für die Würzmischung gut vermengen.
Die Filets rundherum mit Öl bestreichen und mit der Würzmischung bestreuen. Das Fleisch 15 - 30 Minuten bei Zimmertemperatur stehen lassen.
Den Grill auf 200 Grad vorheizen. Die Filets 15 - 20 Minuten bei geschlossenem Deckel grillen, dabei alle 5 Minuten wenden. Vom Grill nehmen und 3 - 5 Minuten ruhen lassen.
Die Filets mit dem gehackten Oregano bestreuen und in 1,5 cm dicke Scheiben schneiden.

Gefülltes Ciabatta

Zubereitungszeit: 15 Minuten
Portionen: 4

Zutaten:
2 Ciabatta
250 g Crème Fraiche
150 g Räucherlachs
½ Bund Dill
2 Stiele Thymian
2 EL Zitronensaft
Meersalz und Pfeffer
Zubereitung:
Den Lachs in feine Streifen schneiden, den Dill säubern und hacken.
Die Crème Fraiche mit Lachs, Dill, Thymian, Zitronensaft und Gewürzen vermengen.
Nun das Ciabatta längs aufschneiden, befüllen und für 10 Minuten auf den Grill geben.

Backofenkartoffel BBQ-Style

Zutaten

3 große Kartoffeln (ca. 300g je Kartoffel)
5 EL Rapsöl, oder Sonnenblumenöl
2 Zehen fein gehackter Knoblauch
2 EL BBQ Gewürzmischung
1 TL Rauchsalz

Zubereitung

Die Kartoffel gründlich waschen, Schale wenn nötig abbürsten und die Kartoffel in etwa 1cm dicke Scheiben schneiden.
Heizen Sie den Backofen auf 180 Grad vor.
Öl, Knoblauch, Salz und Gewürzmischung gut verrühren und die Kartoffelscheiben von beiden Seiten damit einpinseln. Die Kartoffelscheiben auf ein mit Backpapier ausgelegtes Backblech legen und für ca. 30-35 Minuten in den Backofen geben. Zwischendurch immer wieder wenden.

Die Kartoffel-Scheiben lassen sich auch ausgezeichnet grillen.

Backofenkartoffel BBQ-Style

Zutaten

3 große Kartoffeln (ca. 300g je Kartoffel)
5 EL Rapsöl, oder Sonnenblumenöl
2 Zehen fein gehackter Knoblauch
2 EL BBQ Gewürzmischung
1 TL Rauchsalz

Zubereitung
Die Kartoffel gründlich waschen, Schale wenn nötig abbürsten und die Kartoffel in etwa 1cm dicke Scheiben schneiden.

Heizen Sie den Backofen auf 180 Grad vor.

Öl, Knoblauch, Salz und Gewürzmischung gut verrühren und die Kartoffelscheiben von beiden Seiten damit einpinseln. Die Kartoffelscheiben auf ein mit Backpapier ausgelegtes Backblech legen und für ca. 30-35 Minuten in den Backofen geben. Zwischendurch immer wieder wenden.

Die Kartoffel-Scheiben lassen sich auch ausgezeichnet grillen.

Spinatsalat mit Datteln

Zutaten:
200g junger, frischer Spinat
1 Zwiebel, rot
100g Datteln, getrocknet
1 EL Zitronensaft
75 g gestiftete Mandeln

Zutaten für die Croûtons:
150g Fladenbrot
2 bis 3 EL Olivenöl
1 TL Zahter
Salz und Chilipulver

Zutaten fürs Dressing:
2 EL Zitronensaft
1 TL Pekmez (Traubensirup, im türkischen Geschäft erhältlich, ersatzweise geht auch Honig)
4 bis 5 EL Olivenöl
Salz und Pfeffer
Als Beilage unheimlich gut geeignet und mit allem aufwartend, was der Orient zu bieten hat.

Zubereitung:
Spinat in ein Sieb geben und mit kaltem Wasser kurz waschen. Zwiebel und Datteln in kleine Würfel schneiden, mit Zitronensaft vermischen. Mandeln ohne Fett kurz anbraten und dazugeben.
Fladenbrot in kleine Würfel schneiden, mit Olivenöl

anbraten und würzen. Mit Spinat und Zwiebel-Dattelmischung vermengen.
Fürs Dressing Zitronen, Pekmez, Olivenöl, Salz und Pfeffer in einer kleinen Schüssel mit einem Schneebesen verrühren.
Salat mit Dressing anrichten, vermengen und möglichst rasch servieren.

Jakobsmuscheln und Artischocken

Gegrillte Artischocken? Gegrillte Jakobsmuscheln? … und das alles angerichtet zu einem leckeren Salat? Da schlägt ein jedes Grillmeister-Herz doch viel schneller und höher. Saftig und lecker. Besser kann man diese hervorragende Kombination einfach nicht beschreiben. Sie sind nicht überzeugt? Dann lassen Sie sich mit unserem Rezept überzeugen.

Zutaten für zwei Personen:
8 Jakobsmuscheln
4 Artischocken
1 Zitrone und deren Saft
2 El Meersalz
1 El Honig
1/2 EL roter Balsamico
1 El Olivenöl
20 g Ruccola
25 g Mandelplättchen in der Pfanne geröstet
Salz, Pfeffer, Thymian zum Abschmecken

Zubereitung:
Wir bringen das Wasser, gemeinsam mit dem Meersalz, dem Zitronensaft und der Zitrone zum Köcheln und zwar für gute zehn Minuten. Alles abkühlen lassen und die Zitrone in schmale Streifen schneiden. Aus den übrigen Zutaten, außer den Mandeln und dem Ruccola, rühren wir eine Vinaigrette an. Währenddessen können sowohl die Artischocken

für zehn Minuten als auch die Jakobsmuscheln für zwei Minuten bei mittlerer Hitze auf dem Grill brutzeln. Die Artischocken werden anschließend ebenfalls in Streifen geschnitten und mit den Zitronenschalen und auch der Vinaigrette vermischt. Ruccola und Mandelplättchen anrichten, mit den gegrillten Meerestieren verzieren und mit der restlichen Vinaigrette beträufeln. Genießen!

Eingepackte gegrillte Garnelen mit Orange Thymian

2-3 Personen

Zutaten:

900 g große Garnelen, geschält und entdarmt
250 ml frischer Orangensaft
1 TL geriebene Orangenschale
2 Knoblauchzehen, gehackt
2 EL. Olivenöl
1 EL. gehackter Thymian
½ TL. Salz-
¼ TL. Pfeffer

Zubereitung:

In einer flachen Schüssel die Garnelen, Orangensaft, Orangenschale, Knoblauch, Öl, gehackten Thymian, Salz und Pfeffer vermengen und für 30 Minuten oder bis zu 8 Stunden im Kühlschrank marinieren lassen.
Schneiden Sie zwei oder drei große Rechtecke aus einer Alufolie. Garnelen und Marinade in die Mitte der Folienrechtecke geben. Verschließen Sie die Folie in Längsrichtung, von oben nach unten, umklappen und

schließen sie nun nacheinander jede Seite in Richtung der Mitte. Legen Sie die Folienpackungen auf den vorgeheizten Grill und kochen Sie sie ca. 8-10 Minuten bei großer Hitze. Die Kochzeit hängt von der Hitze des Grills und der Menge der Garnelen in jeder Packung ab. Folienpackungen vom Grill nehmen und vorsichtig öffnen.

Schaschlik

Zutaten für 4 Portionen:
- 1 kg Fleisch (Nackenfleisch von Schwein, Rind oder Lamm), frisch
- 3 Gemüsezwiebel
- 500 ml Milch
- 1 Schuss Essig
- Salz und Pfeffer aus der Mühle
- 1 etwas Tomatenmark
- 1 Kiwi

Zubereitung:

Den Schweinenacken in nicht zu kleine Würfel schneiden. Die Zwiebeln halbieren und in halbe Ringe schneiden.
Tomatenmark, Salz, Pfeffer und einen Spritzer Essig mischen und mit der Hand schön in das Fleisch einmassieren. Alles in eine große Schüssel geben und mit Milch auffüllen. Zugedeckt über Nacht an einem kühlen Ort einziehen lassen.
Am nächsten Tag die Marinade probieren und evtl. mit Salz und Pfeffer nachwürzen. Ca. 2 Stunden vorm Grillen die Kiwi schälen und in kleine Stücke schneiden. In die Marinade geben und ebenfalls in das Fleisch einmassieren. Die Kiwi nicht zu lange (maximal 2 Stunden) in der Marinade lassen, da sonst das Fleisch zu weich wird und vom Spieß fällt.
Dann das Fleisch auf Spieße ziehen und grillen. Kurz vor dem Verzehr mit Essigwasser beträufeln.

Thunfisch-Dipp

Zubereitungszeit: 15 Minuten
Portionen: 4

Zutaten:
300 g Frischkäse
200 g Thunfisch
4 Frühlingszwiebeln
1 Limette
1 kleine Chilischote
Meersalz und Pfeffer
Zubereitung:
Die Frühlingszwiebeln säubern und hacken, die Schale der Limette abreiben, die Limette auspressen, die Chilischote in Ringe schneiden.
Nun alle Zutaten vermengen und genießen.

Tsatsiki

Zutaten

1 mittelgroße Gurke
2 T vegane Mayonnaise
2 EL frische Minze
1/4 T frisch gepresster Zitronensaft
4-6 Knoblauchzehen, gepresst oder gehackt
1 EL frisch gehacktes Dillkraut (oder 1 TL trockene Dillspitzen)
1/8 TL Meersalz
1/8 TL frisch gemahlener schwarzer Pfeffer
1 Prise Cayennepfeffer

Zubereitung

Die Gurke grob reiben und in einer großen Schüssel mit den restlichen Zutaten geben und gut vermischen.
Um es etwas säuerlicher schmecken zu lassen, geben Sie bitte noch mehr Zitronensaft dazu. Kühl servieren.

Mediterrane scharfe Sauce

Zutaten

6 getrocknete Tomaten
2 T verschiedene Chilischoten, in Scheiben geschnitten
1/2 T Wasser (plus 2 EL des Wassers der getrockneten Tomaten)
4 EL frisch gepressten Limettensaft
4 TL Rotwein- oder Apfelessig
1/2TL Meersalz
1 TL Rohrzucker
2 Knoblauchzehen (je nach Wunsch)
1 TL geräuchertes Paprikapulver (je nach Wunsch)
2 EL Olivenöl (je nach Wunsch)

Zubereitung
Getrocknete Tomaten für 15 Minuten in heißem Wasser einweichen, bis sie weich sind.

Die restlichen Zutaten zusammen mit dem Einweichwasser der Tomaten in einen Mixer geben und glattrühren.

Die Mischung in ein Glas geben und kühl stellen.

Hält sich gekühlt etwa eine Woche.

Wodka-Meerrettichsteaks

Zutaten:
4 Sirloin-Steaks bzw. mageres Roastbeef
1 Gemüsezwiebel
1 unbehandelte Zitrone
1 Japaleno-Schote
3 Knoblauchzehen
3 TL Meerrettich
250 ml Wodka
1 TL Salz
1 TL Pfeffer

Eine Marinade, die es in sich hat und für butterzarte Steaks sorgt.

Zubereitung:
Zwiebel schälen und in feine Streifen schneiden. Zitrone und Japaleno-Schote in dünne Scheiben schneiden, Knoblauchzehen pressen. Alles zusammen in eine Schüssel geben, Meerrettich, Salz, Pfeffer und Wodka hinzugeben, alles gut vermischen.
Marinade mit Steaks zusammen in ein Behältnis (z.B. Frischhaltebeutel) geben, drei Stunden lang ziehen lassen.
Steaks bei mittlerer Hitze garen und vor dem Servieren 10 Minuten ruhen lassen.

Hähnchen und Zucchini mit Mandel-Dip

Zucchini ist ein schmackhaft, artiges wie mildes Gemüse, das hervorragend mit der weichen Milde von Hähnchen und der nussigen Milde der Mandel harmoniert. Hier kreieren wir einen ganz besonderes Leckerbissen.

Zutaten für 2 Portionen:
1 EL Zitronensaft
1 Knoblauchzehe
1/2 TL Kräuter der Provence
1/2 TL Senf
1 Tl Olivenöl
120 g Hähnchenfilet
100 g Zucchini
Salz, Pfeffer zum Abschmecken

Zutaten für den Mandel-Dip:
20 g gemahlene Mandeln
1 El Honig
1/4 Tl Apfelessig
1 El Olivenöl
1 Knoblauchzehe
Salz, Pfeffer zum Abschmecken

Zubereitung:

Wir beginnen mit der Marinade und dafür pressen wir den Zitronensaft aus, zerhacken den Knoblauch und vermischen beides mit den Kräutern, dem Senf, dem Öl und den anderen Gewürzen. Ist das Hähnchenfilet in Stücke geschnitten, so kommen diese in die Marinade. Für ein Minimum von einer Stunde in den Kühlschrank stellen und dann kann weiter gearbeitet werden. Die Zucchini schneiden wir in lange dünne Scheiben und wickeln anschließend die Hähnchenfiletstücke ein. Aufgespießt auf den Grill, können so die Spieße schnell gegrillt werden.

Nun geht es an die Zubereitung des Mandel-Dips. Dazu rösten wir die gemahlenen Mandeln kurz in der Pfanne an. Das intensiviert das Aroma. Mit etwas Wasser ablöschen und mit Öl und Essig verrühren. Mit Salz und Pfeffer abschmecken, den fein gehackten Knoblauch hinzugeben und schon kann der Mandel-Dip serviert werden.

Hähnchen-Zucchini-Spieße mit Mandel Salsa

6 Portionen

Zutaten:

Salsa:
10 g gehackte frische Petersilie
2 EL gehackte Mandeln, geröstet
2 EL gehackter frischer Schnittlauch
3 EL Kapern, gehackt
1/2 TL geriebene Zitronenschale
3 EL frischer Zitronensaft
1 EL Olivenöl extra natives
2 TL gehackter frischer Thymian
2 TL gehackter frischer Oregano
2 TL koscheres Salz
2 TL frisch gemahlener schwarzer Pfeffer
1 Knoblauchzehe, gehackt

Fleisch Spieße:
150 g Hähnchenbrust, haut los, entbeinte, in-Stücke geschnitten
3 Zucchini, in Scheiben
1/4 TL Salz
1/8 TL frisch gemahlener schwarzer Pfeffer
12 Holz Spieße

Zubereitung:

Weichen Sie 12 Holzspieße 30 Minuten in Wasser ein. Bereiten Sie den Grill auf mittlere bis hohe Hitze vor. Für die Salsa, vermengen Sie alle 12 Zutaten miteinander; beiseite stellen. Für die Fleischspieße, fädeln Sie abwechselnd Huhn und Zucchini auf jeden der 12 Spieße. Die Spieße mit Öl überziehen; streuen Sie gleichmäßig mit 1/4 TL Salz und 1/8 TL Pfeffer darüber. Auf Grillrost legen und 6 Minuten grillen, einmal drehen. Mit Salsa servieren

Beefsteaks mit Schafskäse

Zutaten für 4 Portionen:
- 1 kg Hackfleisch vom Rind
- 3 Eier
- 1 1/2 m.-große Zwiebel
- 1 Bund Petersilie
- 2 TL Oregano, getrockneter
- 3 Scheiben Weißbrot, altbackenes (oder Paniermehl)
- 100 g Schafskäse (griechischer Feta)
- 8 EL Olivenöl
- Salz und Pfeffer
- Paprika, edelsüß
- etwas Maggi

Zubereitung:

Das Hackfleisch in eine Schüssel geben.
Zwiebel fein würfeln, Petersilie fein hacken und mit Gewürzen und Eiern zum Fleisch geben. Weißbrot in einer Schüssel in Wasser kurz einweichen, gut ausdrücken und ebenfalls dazugeben.
Alles gut miteinander verkneten bis ein schön geschmeidiger Teig entstanden ist. Kurz beiseite stellen.
Fleisch, je nach gewünschte Größe, in 6 oder 8 Portionen teilen.
Einen Suppenteller kurz mit kaltem Wasser ausspülen, eine Hackfleischportion in der Vertiefung legen und einen Fladen formen. In die Mitte etwas von dem Schafskäse bröckeln und eine Fladenhälfte vorsichtig

darüber klappen, die Ränder fest andrücken. Auf diese Weise alle Bifteki formen.

Bifteki mit Öl bepinseln und bei mittlerer Hitze auf jeder Seite 8-10 Minuten grillen.

Asia-Nudelsalat

Zubereitungszeit: 30 Minuten
Portionen: 4

Zutaten:
200 g Rotkohl
200 g Zuckerschoten
4 Frühlingszwiebeln
½ Bund Koriander
1 Chilischote
300 g Reisnudeln
3 EL Erdnussbutter
3 EL Limettensaft
3 EL Sojasauce
3 EL Chilisauce
2 EL Sesamöl

Zubereitung:
Die Nudeln nach Packungsanweisung garen.
In der Zwischenzeit den Rotkohl, die Zuckerschoten, die Frühlingszwiebeln und den Koriander säubern.
Nun den Rotkohl reiben, die Zuckerschoten 5 Minuten in kochendem Wasser garen, die Frühlingszwiebeln und den Koriander hacken.
Jetzt die Chilischote hacken und mit Erdnussbutter, Limettensaft, Sojasauce, Chilisauce und Sesamöl vermengen.
Anschließend alle Zutaten vermischen.

Champignons vom Grill

Zutaten

500 gfrische Champignons
4 ZehenKnoblauch
5 ELSojasauce
5 ELSonnenblumenöl
etwas Salz und Pfeffer

Zubereitung

Putzen Sie die Champions und stellen Sie sie erst einmal zu Seite.
Die Knoblauchzehen durch die Knoblauchpresse drücken oder ganz klein schneiden und mit dem Öl und der Sojasauce vermischen und mit Salz und Pfeffer würzen.
Die Champignons hinzugeben und durchmischen. Sollte es zu wenig Marinade sein, einfach noch etwas von den Zutaten hinzugeben.
In Alufolie bei nicht mehr allzu starker Hitze einige Minuten auf den Grill legen, jedoch die Folie oben nicht

schließen, damit Sie sehen können, ob die Pilze gar sind.

Saftiger Lammrücken

Zutaten für 4 Portionen:
- 1 kg Lammrücken mit Knochen, küchenfertig
- 60 ml Öl
- 1 EL Rosmarin, frisch, fein gehackt
- 1 TL Pfeffer
- 50 g Cashewkerne
- 150 g Griechischer Joghurt
- 2 EL Koriander, frisch, fein gehackt
- 1 Zehe Knoblauch

Zubereitung:

Die Zwiebel schälen und in feine gleichmäßige Ringe schneiden. Mit dem Öl und den Rosmarin gut verrühren. Den Lammrücken in die Marinade einlegen und in einem geschlossenen Plastikbeutel etwa für gute 2 Stunden im Kühlschrank schön marinieren lassen.

Die Cashewkerne in einen Gemüsekorb geben und für etwa 5 min. bei 180°C direkt rösten. Nun die Cashewkerne abkühlen lassen und grob hacken.

Die Chilischote ohne Samen in feine Streifen schneiden, den Knoblauch fein würfeln. Den Joghurt mit Cashewkernen, Koriander, Chili und Knoblauch gründlich vermischen. Mit Salz und Zucker gut abschmecken.

Den Gasgrill vorbereiten für die direkte und indirekte Hitze (180°C).

Den Lammrücken aus dem Beutel mit der Marinade nehmen, die Marinade abstreifen und mit Salz und Pfeffer nach Belieben würzen.
Lammrücken von beiden Seiten etwa 2 Minuten direkt angrillen, dann indirekt platzieren und weiter grillen bis eine Kerntemperatur von 62°C erreicht ist.
Guten Appetit.

Gefüllte Pute

Zubereitungszeit: 35 Minuten
Portionen: 4

Zutaten:
2 Pfirsiche
1 Limette
1 Chilischote
½ Bund Koriander
300 g Putenschnitzel
4 EL Crème Fraiche
Meersalz und Pfeffer
Zubereitung:
Die Limette auspressen, die Chilischote hacken, den Koriander säubern und hacken, die Pfirsiche säubern, entkernen und fein würfeln.
Jetzt Crème Fraiche, Gewürze, Chili, Limettensaft, Koriander und Pfirsich vermengen.
Das Fleisch säubern, abtupfen, längs aufschneiden, befüllen und auf dem Grill garen.

Tomatenwurzelbrote

Zutaten

900 gMehl, 550
200 gSauerteig, (Weizensauerteig, TA 200)
490 gWasser
20 gSalz
1 TüteTrockenhefe, (oder evtl. Frischhefe ca. 15 g)
1 Glasgetrocknete Tomaten
50 gÖl, aus dem Glas
Roggenmehl
Maismehl

Zubereitung

Achtung: Dieses Brot wird nicht auf dem Grill hergestellt, eignet sich aber sehr gut als Beilage zu gegrilltem.
Schneiden Sie bitte die Tomatenstücke aus dem Glas klein.

Vermischen Sie alle Zutaten ausreichend und kneten diese dann in der Küchenmaschine, bis die Tomatenstücke zerteilt und verteilt sind.
Den Teig ca. 1-2 Stunden in eine Schüssel legen und mehrmals darin falten.
Den gegangenen Teig nicht mehr kneten, sondern in 3 Stücke zerteilen.
Erneut in 3 Stücke teilen und auf die gewünschte Länge.
Die Teiglinge in sich drehen und leicht in einer Mischung aus Roggen- und Maismehl wälzen. Kurz gehen lassen und in den vorgeheizten Ofen bei ca. 230 Grad - Wasser an die Backofenwand sprühen.
Backen Sie das Brot, bis zur gewünschten Bräune.

Knoblauchmus mit Thymian

Zutaten

3 Knollen Knoblauch
6 EL Olivenöl
6 Stiele frischen Thymian
Salz und Pfeffer

Zubereitung
Die Knoblauchknollen (so wie sie ist – ungeschält) mit 2 EL Olivenöl beträufeln.

2 Stiele Thymian dazulegen und alles in Alufolie wickeln. Im vorgeheizten Ofen auf der mittleren Schiene bei 200 Grad (Gas 3, Umluft 180 Grad) 45-50 Minuten backen.

Die Knoblauchknollen herausnehmen und etwas abkühlen lassen. Dann die Zehen aus den Knollen lösen, und das Innere mit den Fingern herausdrücken.

Den Knoblauch mit einer Gabel zerdrücken.

Das restliche Olivenöl unterrühren und mit Salz und Pfeffer würzen. Vom zurückbehaltenen Thymian die Blättchen abzupfen, hacken und unter das Knoblauchmus mischen.

Kidneybohnensalat

Zutaten:
1 Dose Kidneybohnen (410g)
1 Dose Pintobohnen bzw. Wachtelbohnen (410g)
125 g Räucherspeck bzw. Bacon
1 rote Gemüsepaprika
1 grüne Gemüsepaprika
2 Selleriestangen
1 große Gemüsezwiebel
1 Bund frische Petersilie
Salz
1 TL Tabasco (bzw. andere scharfe Soße)
2 TL brauner Zucker
2 TL scharfer Senf
2 TL Apfelessig
2 TL Olivenöl

Deftig und gleichzeitig aber auch mit viel Gemüse. Die optimale Beilage also, wenn es einmal richtig viel Fleisch gibt.

Zubereitung:
Öl in die Pfanne geben, Speck schneiden und Zwiebel in kleine Stücke schneiden und glasig braten. Gemüsepaprika und Sellerie schneiden und kurz anbraten.
Bohnen abschütten und mit in die Pfanne geben, alles gut vermischen.

Vom Feuer nehmen, Apfelessig, Senf und braunen Zucker, eine Prise Salz sowie den Tabasco (bzw. andere scharfe Soße) hinzugeben, alles gut vermischen. In eine Schüssel umfüllen und abkühlen lassen. Petersilie fein hacken, in den Salat geben und servieren.

Zucchini und Blumenkohlspieße mit Feta

4 Personen

Zutaten:

4 große Zucchini und Sommerkürbis
1 Kopf Blumenkohl, in Röschen geschnitten
8 Spieße, in Wasser für 20 Minuten eingeweicht
Natives Olivenöl extra, zum beträufeln
Salz und gemahlener schwarzer Pfeffer
50 g. zerbröckelte Feta
8 Spieße, in Wasser für 20 Minuten eingeweicht

Zubereitung:

Grill auf mittlere bis hohe Stufe vorheizen. Zucchini und gelben Kürbis mit einem Sparschäler zu langen Streifen schneiden. Zucchini, gelber Kürbis gewellt aufspießen und Blumenkohl dazwischen stecken. Mit Olivenöl beträufeln und mit Salz und Pfeffer würzen. Grillen und gelegentlich wenden, bis das Gemüse zart und leicht verkohlt ist, ca. nach 10 bis 12 Minuten. Mit Feta zerbröseln und servieren.

Arabische Gewürzmischung

Zutaten:
- 4 Teile Pfeffer, schwarzer, gemahlen
- 4 Teile Paprikapulver, mild und rosenscharf, gemischt nach Geschmack
- 1 Teil Korianderpulver
- 1 Teil Zimtpulver
- 1 Teil Kümmelpulver
- 1 Teil Nelkenpulver
- 1 Teil Gewürzmischung (Muskatnusswürzer oder entsprechend weniger Muskat)
- 1 Teil Ingwerpulver
- 1 Teil Kardamompulver

Zubereitung:

Alle Zutaten gut mischen und in geeignete Gläser abfüllen.
Diese Würzmischung verleiht Speisen am arabischen Golf ihr einzigartiges Aroma und ist sehr vielseitig zu verwenden.

Schweinesteak mit rotem Pfeffer

Zubereitungszeit: 45 Minuten
Portionen: 4

Zutaten:
4 Schweinesteaks
2 EL Honig
1 EL Tomatenmark
1 EL Olivenöl
1 EL rote Pfefferkörner
1 TL Paprikapulver
½ TL Chiliflocken
Meersalz und Pfeffer
Zubereitung:
Die Pfefferkörner zerstoßen.
Nun alle Zutaten bis auf das Fleisch vermengen, anschließend das Fleisch mit der Mischung einreiben und grillen.

Kräuterbutter

Zutaten

150 gButter
3 ZehenKnoblauch
1 TLZitronensaft
1 SpritzerWorcestersauce
1/2 TLSalz
1 Priseweißer Pfeffer
½ BundPetersilie
½ BundBasilikum

Zubereitung

Als erstes die Butter weich werden lassen.
Anschließend den Knoblauch pressen und mit Salz und Pfeffer vermischen.

Den Zitronensaft und die Worcestersauce hinzufügen und alles in die weiche Butter einrühren.

Gehackte Kräuter hinzufügen und die Butter in Pergamentpapier (Butterbrotpapier) zu einer Rolle formen und in den Kühlschrank legen.

Japanischer gegrillter Lachs mit Teriyaki – Soße

Zutaten

4 Lachssteaks (je ca. 250g)

Für die Sauce:

2 TL Zucker
2 EL Sake (jap. Reiswein), alternativ Weißwein oder milder Sherry
2 EL Reiswein, Mirin (jap. süßer Reiswein zum Kochen - gibt´s im Asia-Shop)
4 EL Sojasauce
1 Pck. Kresse
15 cm weißer geriebener Rettich
Öl, zum Braten
Roggenmehl
Maismehl

Zubereitung
Die Lachskoteletts abtupfen und wenn möglich Haut und Mittelgräte entfernen. (Vorsicht! Koteletts dürfen dabei nicht auseinanderfallen!)

Für die Teriyaki-Soße alle Zutaten, bis einschließlich Sojasauce, miteinander verrühren, bis sich der Zucker aufgelöst hat.

Bei der Zubereitung auf dem Elektro-Grill:

Den Fisch in der Soße ca. 15 Minuten marinieren. Dabei häufig wenden.

Nun die Kresse waschen, abtropfen und den Rettich reiben.

Bei der Zubereitung auf dem Holzkohle-Grill:

Den Fisch etwas abtropfen und auf den Rost legen. Jede Seite ca. 3 min grillen, dabei ab und zu mit der Marinade bepinseln.

www.ingramcontent.com/pod-product-compliance
Lightning Source LLC
Chambersburg PA
CBHW071832080526
44589CB00012B/996